JULIA GEORGES
FLORENCE TOULLIOU

GW00586945

Mes jeux de vacances

ILLUSTRATIONS
DAMIEN CATALA
CAROLINE HESNARD

Ce cahier propose plus de **240 jeux** pour réviser en s'amusant tout le **programme de CE1**. Pendant ses vacances, votre enfant va travailler à son rythme et dans la bonne humeur pour préparer sa rentrée en **CE2**.

Sur chaque page du cahier et dans toutes les matières, des jeux attractifs permettent de réviser une notion de façon **ludique**. Un **mémo** rappelle l'essentiel de ce qu'il faut savoir. Six grands jeux, autour des thématiques préférées des enfants, offrent une pause **100% vacances** !

Ce cahier suit une progression pédagogique qu'il est préférable de respecter, mais votre enfant peut aussi choisir de faire les jeux dans l'ordre qu'il veut.

En fonction du rythme de vos vacances et de ses priorités de révision, votre enfant peut, s'il le souhaite, suivre un des **parcours de révision** proposés au début du cahier : parcours pressé en 3 semaines, parcours express en 2 semaines, parcours spécial Français ou parcours spécial Maths.

Toutes les **solutions** sont regroupées à la fin du cahier.

Ces jeux doivent être avant tout un moment de plaisir et de complicité.

À vous de jouer dans toutes les matières !

Français — Maths — Le temps — L'espace — Sciences — Anglais

Édition : **Tréma / Emmanuelle Rocca-Poliméni**
Illustrations : **Damien Catala** (Français, Le temps, Anglais, Grands jeux, Parcours),
Caroline Hesnard (Maths, L'espace, Sciences, Grands jeux)
Conception graphique : valerienizard.com
Mise en pages : STDI

© Éditions Hatier – 8 rue d'Assas, 75006 Paris – 2015 – ISBN : 978-2-218-98981-0
Tous droits de reproduction, de traduction et d'adaptation réservés pour tous pays.
Loi n°49 956 du 16 juillet 1949 sur les publications destinées à la jeunesse.

PAPIER À BASE DE FIBRES CERTIFIÉES

Hatier s'engage pour l'environnement en réduisant l'empreinte carbone de ses livres. Celle de cet exemplaire est de : 1 kg éq. CO_2 Rendez-vous sur www.hatier-durable.fr

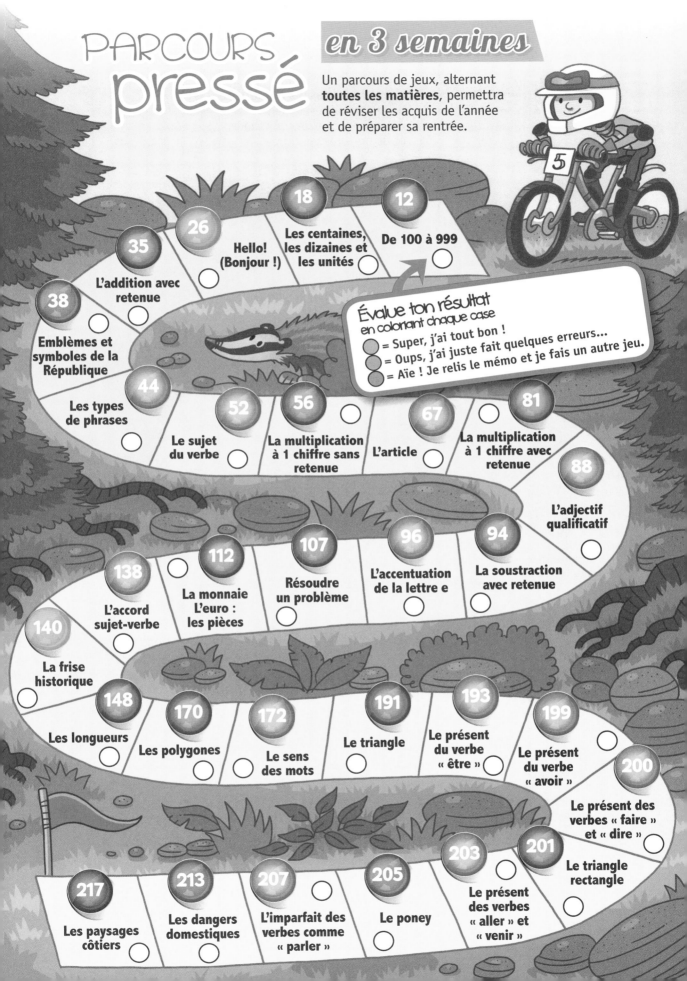

PARCOURS pressé

en 3 semaines

Un parcours de jeux, alternant **toutes les matières**, permettra de réviser les acquis de l'année et de préparer sa rentrée.

26

18 Les centaines, les dizaines et les unités

12 De 100 à 999

35 Hello! (Bonjour !)

L'addition avec retenue

38 Emblèmes et symboles de la République

Évalue ton résultat en coloriant chaque case

◯ = Super, j'ai tout bon !
◯ = Oups, j'ai juste fait quelques erreurs...
◯ = Aïe ! Je relis le mémo et je fais un autre jeu.

44 Les types de phrases

52 Le sujet du verbe

56 La multiplication à 1 chiffre sans retenue

67 L'article

81 La multiplication à 1 chiffre avec retenue

88 L'adjectif qualificatif

138 L'accord sujet-verbe

112 La monnaie L'euro : les pièces

107 Résoudre un problème

96 L'accentuation de la lettre e

94 La soustraction avec retenue

140 La frise historique

148 Les longueurs

170 Les polygones

172 Le sens des mots

191 Le triangle

193 Le présent du verbe « être »

199 Le présent du verbe « avoir »

200 Le présent des verbes « faire » et « dire »

201 Le triangle rectangle

217 Les paysages côtiers

213 Les dangers domestiques

207 L'imparfait des verbes comme « parler »

205 Le poney

203 Le présent des verbes « aller » et « venir »

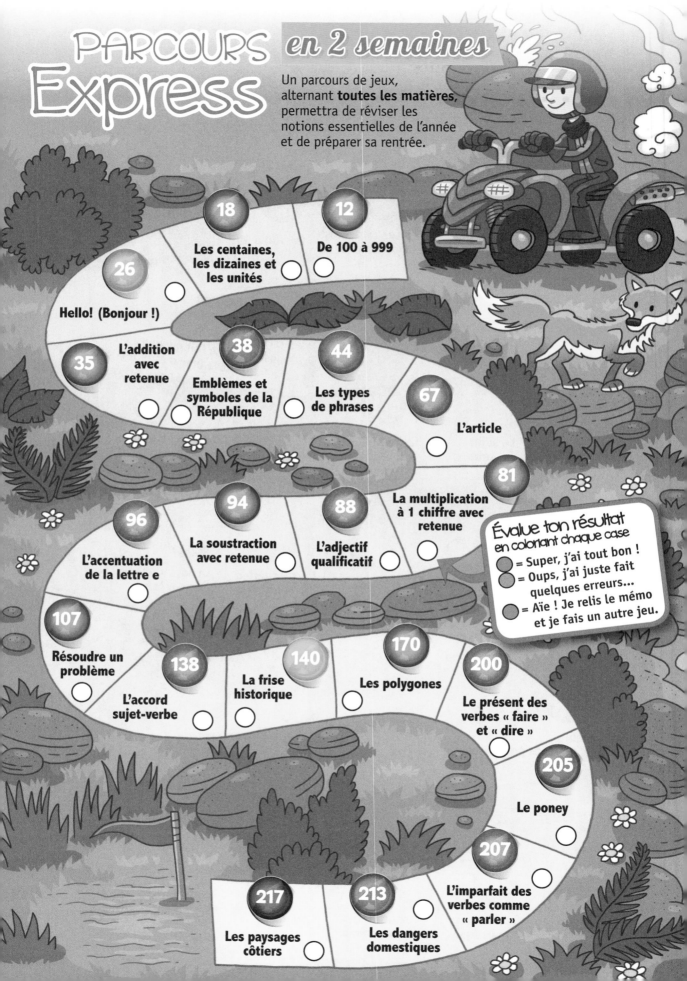

PARCOURS Express *en 2 semaines*

Un parcours de jeux, alternant **toutes les matières**, permettra de réviser les notions essentielles de l'année et de préparer sa rentrée.

18 Les centaines, les dizaines et les unités

12 De 100 à 999

26 Hello! (Bonjour !)

35 L'addition avec retenue

38 Emblèmes et symboles de la République

44 Les types de phrases

67 L'article

81 La multiplication à 1 chiffre avec retenue

96 L'accentuation de la lettre e

94 La soustraction avec retenue

88 L'adjectif qualificatif

107 Résoudre un problème

138 L'accord sujet-verbe

140 La frise historique

170 Les polygones

200 Le présent des verbes « faire » et « dire »

205 Le poney

207 L'imparfait des verbes comme « parler »

217 Les paysages côtiers

213 Les dangers domestiques

Évalue ton résultat en coloriant chaque case

= Super, j'ai tout bon !

= Oups, j'ai juste fait quelques erreurs...

= Aïe ! Je relis le mémo et je fais un autre jeu.

PARCOURS Spécial

Français

Un parcours de jeux, **renforcé en français**, pour réviser et préparer sa rentrée sans oublier les notions essentielles des autres matières.

Évalue ton résultat en coloriant chaque case

- = Super, j'ai tout bon !
- = Oups, j'ai juste fait quelques erreurs...
- = Aïe ! Je relis le mémo et je fais un autre jeu.

13 Les valeurs de la lettre s

19 Le son [j] / « ille »

26 Hello! (Bonjour !)

43 La phrase

44 Les types de phrases

50 Le verbe

52 Le sujet du verbe

63 L'eau

65 Nom commun et nom propre

67 L'article

72 Le genre du nom

76 Le nombre du nom

79 L'électricité

82 Les marques du nombre pour le nom

88 L'adjectif qualificatif

93 Le genre de l'adjectif qualificatif

96 L'accentuation de la lettre e

100 Au temps de Charlemagne

108 Le nombre de l'adjectif qualificatif

113 Les types d'habitat

117 s ou ss ?

121 c ou ç ?

123 g ou gu ?

129 g ou ge ?

138 L'accord sujet-verbe

145 Le dictionnaire

147 Les contraires

155 Les synonymes

172 Le sens des mots

182 L'infinitif du verbe

185 Les pronoms personnels sujets

190 Le présent des verbes comme « parler »

193 Le présent du verbe « être »

194 La Convention des droits de l'enfant

199 Le présent du verbe « avoir »

200 Le présent des verbes « faire » et « dire »

203 Le présent des verbes « aller » et « venir »

207 L'imparfait des verbes comme « parler »

211 L'imparfait du verbe « avoir »

216 L'imparfait du verbe « être »

PARCOURS Spécial

Maths

Un parcours de jeux, **renforcé en maths**, pour réviser et préparer sa rentrée sans oublier les notions essentielles des autres matières.

Évalue ton résultat en coloriant chaque case

- ● = Super, j'ai tout bon !
- ● = Oups, j'ai juste fait quelques erreurs...
- ● = Aïe ! Je relis le mémo et je fais un autre jeu.

12

9

6 — Les dizaines et les unités

15

De 100 à 999

La centaine

Compter de 10 en 10

18 — Les centaines, les dizaines et les unités

21 — Compter de 100 en 100

28 — Comparer et ranger les nombres

30 — L'addition sans retenue

35 — L'addition avec retenue

73 — La table de 4

69 — La table de 3

56 — La multiplication à 1 chiffre sans retenue

48 — Respecter l'environnement

41 — Les doubles

Emblèmes et symboles de la République

38

77

80 — L'électricité

81 — La multiplication à 1 chiffre avec retenue

86 — La carte de France

91 — La soustraction sans retenue

94 — La soustraction avec retenue

La table de 5

107 — Résoudre un problème

105 — Comprendre l'énoncé d'un problème

104 — Colors (les couleurs)

102 — Observer et raisonner

98 — Les moitiés

109 — Les problèmes en images

112 — La monnaie L'euro : les pièces

119 — Le temps qui passe

125 — La monnaie L'euro : les billets

127 — Rendre la monnaie

137 — Les masses

148 — Les longueurs

201 — Le triangle rectangle

198 — L'angle droit

191 — Le triangle

180 — Le rectangle

175 — Le carré

170 — Les polygones

161 — Se déplacer sur un quadrillage

PARCOURS libre

Un parcours de jeux **à personnaliser** avec les notions que **votre enfant** doit réviser **en priorité**.

Évalue ton résultat
en coloriant chaque case

= Super, j'ai tout bon !
= Oups, j'ai juste fait quelques erreurs...
= Aïe ! Je relis le mémo et je fais un autre jeu.

Maths

Les nombres de 0 à 99

mémo

Il faut **10 chiffres** pour écrire **tous les nombres** : 0, 1, 2, 3, 4, 5, 6, 7, 8, 9.

De **10 à 99**, les nombres s'écrivent avec **2 chiffres**. Pour écrire les nombres, quand on n'entend pas « et », il faut placer un tiret.

27 : vingt-sept   61 : soixante et un   99 : quatre-vingt-dix-neuf

1 Une croisière au pôle Nord

→ **Relie les nombres dans l'ordre pour découvrir ce qu'observent les passagers avec leurs jumelles.**

La lettre c et le son [k] / « k »

mémo

Je vois la lettre **c** devant a, o, u, je lis [k].

carré   **c**olle   **c**anot

2 Quel bazar !

→ **Entoure en vert les 8 objets dont le nom contient le son [k].**

sac

culotte

cubes

corde à sauter

cagoule

casque

crevette

calculatrice

3 Destination lointaine

→ **Barre les mots de la liste dans la grille et, avec les lettres restantes, découvre vers quel pays s'envole cette famille.**

Canada   Cambodge   Cameroun
Comores   Corée

C	A	M	E	R	O	U	N
C	C	A	N	A	D	A	O
C	A	M	B	O	D	G	E
C	O	M	O	R	E	S	N
C	O	R	E	E	G	O	✈

_ _ _ _ _

L'anglais dans le monde

mémo

L'**anglais** est parlé dans le **monde entier**.
Les pays les plus connus où l'anglais est
la **langue principale** sont :

le **Royaume-Uni**, l'**Irlande**, les **États-Unis**,
le **Canada** et l'**Australie**.

4 ## D'où viens-tu ?

→ **Barre dans la grille le nom des pays dont sont originaires
les enfants.**

C	E	E	H	J	I	U	S	A
A	E	N	G	L	A	N	D	W
N	P	A	Q	G	I	B	M	O
A	U	S	T	R	A	L	I	A
D	O	G	U	Y	A	A	W	Y
A	I	I	R	E	L	A	N	D

5 ## Dans le vent

→ **Retrouve à quel pays appartient chaque drapeau puis
écris le prénom de chaque enfant à côté.**

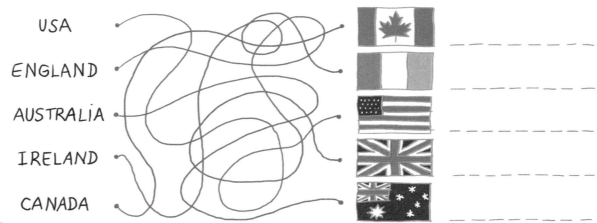

USA

ENGLAND

AUSTRALIA

IRELAND

CANADA

Les dizaines et les unités

mémo

Un **groupement de 10** éléments s'appelle une **dizaine**. Un nombre à 2 chiffres s'écrit avec un chiffre des dizaines et un chiffre des unités.

$$15 \quad = \quad 10 \quad + \quad 5$$
1 **dizaine** et 5 **unités**

6 Sous l'océan…

→ **Que découvrent les plongeurs ? Colorie selon le code pour le savoir.**

■ 47 ■ 64 ■ 31 ■ 75 ■ 96

Le temps qu'il fait

mémo

Le temps change d'un jour à l'autre, du matin à l'après-midi. Il peut être :

ensoleillé   nuageux   pluvieux   venteux   orageux   neigeux

7 Tu n'as rien oublié ?

→ Trace le chemin qui mène à chaque enfant en passant par l'objet qui lui manque pour faire face à la météo.

8 Le bulletin météo

→ Complète les prévisions pour chaque ville.

PARIS	NICE	BREST	STRASBOURG
nuageux	.... 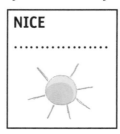	pluvieux	neigeux

La centaine

mémo

Un **groupement de 100** unités s'appelle **une centaine :**
100 = **1 centaine** / 400 = **4 centaines**.

9 ## Défi de pirates

→ **Entoure de la même couleur le coffre et le nombre de bijoux qu'il faut pour faire une centaine.**

La Terre

mémo

La **Terre** est une **planète** qui tourne autour du Soleil. Pour la représenter, on utilise :
- un **globe terrestre** qui est une maquette sur laquelle on a dessiné les mers et les continents, ou
- un **planisphère** qui est une grande carte représentant la Terre à plat.

10 ## Planète bleue

→ **Colorie en bleu les mers et les océans, et en marron les continents sur le globe.**

Atterris en 1 puis vole vers 4.

11 ## Allô la Terre ?

→ **Assemble les syllabes et retrouve les noms correspondant aux numéros ci-dessus afin d'aider Zwiberg à trouver sa route vers la Terre.**

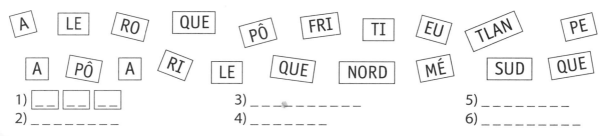

| A | LE | RO | QUE | PÔ | FRI | TI | EU | TLAN | PE |

| A | PÔ | A | RI | LE | QUE | NORD | MÉ | SUD | QUE |

1) ☐☐ ☐☐ ☐☐
2) _ _ _ _ _ _ _
3) _ _ _ _ _ _ _ _ _ _
4) _ _ _ _ _ _ _
5) _ _ _ _ _ _ _ _
6) _ _ _ _ _ _ _ _ _

De 100 à 999

mémo

De **100 à 999**, les nombres s'écrivent avec **3 chiffres**.

100	500	999
cent	cinq cents	neuf cent quatre-vingt-dix-neuf

12 ## Le musée du futur

→ **Relie les points dans l'ordre des nombres pour découvrir ce que voient Emma et Nolan.**

Les valeurs de la lettre s

mémo

Je vois la lettre **s**, je lis [s].

sirène poi**ss**on e**s**cargot

- Attention, si la lettre **s** est entourée de voyelles, je lis [z]. cui**s**ine

- À la fin d'un mot, la lettre **s** est très souvent muette. souri**s**

13 Que de s !

→ **Trouve le mot qui correspond à chacune des définitions.**

1) On habite dedans.

2) On écrit dessus et on efface.

3) On sort toujours le chien avec.

4) Elle sent bon mais pique les doigts.

5) Elle adore le fromage.

6) On dort dessus.

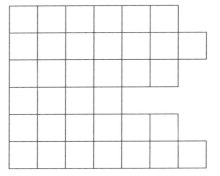

14 Mange-mot

→ **Recompose le menu de chaque monstre à l'aide des mots ci-dessous.**

rasoir sirène asticot chaise oiseau

sable casserole fraise escargot

MENU EN [s]

MENU EN [z]

Compter de 10 en 10

mémo

Compter de 10 en 10, c'est **ajouter** 10 ou encore ajouter **une dizaine**.

10	20	30	40	50	60	70
+ 10	+ 10	+ 10	+ 10	+ 10	+ 10	

15 ## Où sont-ils donc ?

→ Repasse le chemin laissé par chaque animal réfugié sous terre en comptant de 10 en 10 pour retrouver les coupables qui ont dévoré les pousses de salade.

16 ## Intrus

→ Barre l'intrus dans chaque ligne.

18 – 28 – 38 – 83 – 58 – 68

205 – 215 – 225 – 235 – 145 – 255

Les valeurs de la lettre g

mémo

Je vois la lettre **g** devant e, i, y, je lis [ʒ]/ « j ».
si**ng**e, pi**g**eon

Je vois la lettre **g** devant a, o, u, je lis [**g**]/ « gu ».
gâteau, **g**uitare

Je vois la lettre **g** accompagnée de la lettre n (gn), je lis [ɲ]/ « gn ».
monta**gn**e

17 Cache-cache

→ **Entoure en rouge les dessins des mots avec le son [ʒ], en vert ceux avec le son [g] et en bleu ceux avec le son [ɲ].**

18

Les centaines, les dizaines et les unités

mémo

Un nombre à **trois chiffres** s'écrit avec un chiffre des **centaines**, un chiffre des **dizaines** et un chiffre des **unités**.

158 = 100 + 50 + 8

1 centaine   **5 dizaines**   **8 unités**

centaines	dizaines	unités
1	5	8

18 ## Quel vent !

→ **Colorie les cerfs-volants selon le code pour faire apparaître leurs belles couleurs.**

■ 156   ■ 319   ■ 671   ■ 843

Le son [j] / « ille »

mémo

J'entends [j], je vois :

y : *crayon (crayon)*

ill : *bille*

ail, eil, euil : *épouvantail, appareil, écureuil*

aille, eille, euille : *bataille, bouteille, feuille*

19 ## Bien arrivés

→ **Complète l'e-mail que Louisa envoie à ses parents avec la bonne écriture du son [j] :** *ill, y, ail, eil, euille, eille.*

Le vo......age s'est bien passé. Le sol...... de ju...... et est si brûlant qu'on se repose sous le parasol à ra......ures jusqu'au goûter. Pendant que Papi somm...... , Mamie regarde un magazine en agitant son évent...... . Tim et Léa jouent sous les larges f......s du palmier. À samedi, au train de 18 h 30. Bises. Louisa

20 ## Mot mystère

→ **Écris dans la grille les mots correspondant aux dessins et tu découvriras le mot vertical répondant à la définition ci-dessous.**

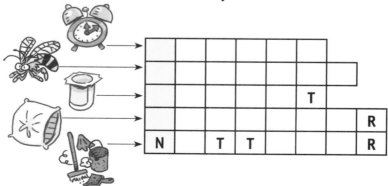

			T			
						R
N		T	T			R

De soleil ou sur la roue d'un vélo : ....

Compter de 100 en 100

mémo

Compter de 100 en 100, c'est **ajouter** 100 ou encore **ajouter 1 centaine**.

100	200	300	400	500	600
+ 100	+ 100	+ 100	+ 100	+ 100	

21 Triathlon

→ **Trace le chemin qui permet à Florian d'atteindre les stands puis de franchir la ligne d'arrivée en comptant de 100 en 100.**

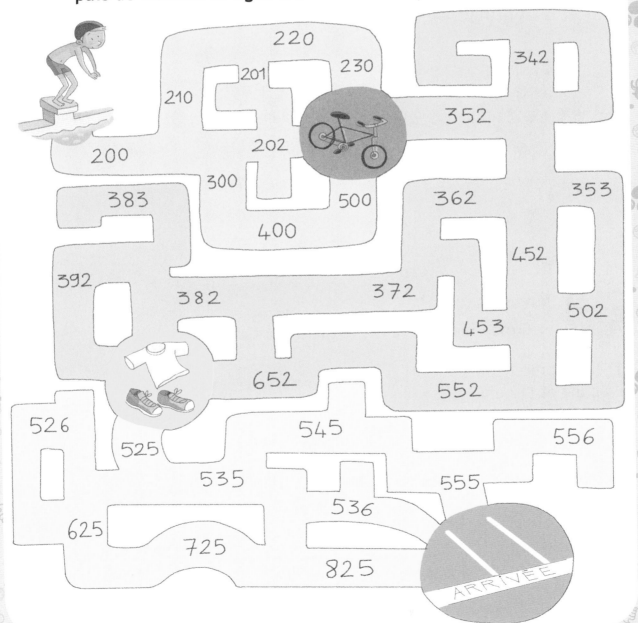

Les saisons

mémo

Il y a **4 saisons** dans une année : le **printemps** (du 21 mars au 20 juin), l'**été** (du 21 juin au 20 septembre), l'**automne** (du 21 septembre au 20 décembre) et l'**hiver** (du 21 décembre au 20 mars).

22 **Mon bel arbre !**

→ **Relie chaque dessin d'arbre à la bonne saison.**

Le printemps   L'été   L'automne   L'hiver

23 **Vive l'hiver !**

→ **Croise les mots dans la grille en t'aidant des phrases.**

1) Il me protège du froid. La pluie et la neige glissent dessus.
2) Si tu les oublies, tes doigts seront gelés.
3) Il protège la tête. Les filles le préfèrent avec un pompon.
4) Mes pieds y sont au sec et au chaud.
5) Elle me protège le cou.

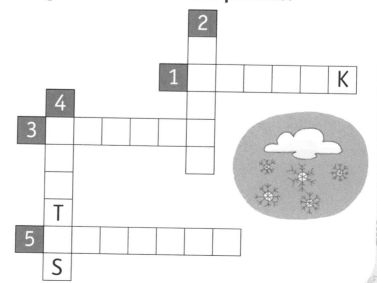

Encadrer un nombre

mémo

Pour trouver la position d'un nombre sur la droite des nombres, il faut regarder entre quels nombres il est placé.

59	60	61	62	(63)	64	65	66	67	68	69	70

63 est **entre** 60 et 65.

63 est juste **après** 62.

63 est juste **avant** 64.

24 Tickets gagnants

→ **Complète le tableau avec les numéros de billets d'Adèle et de ses copains pour découvrir les lots qu'ils ont remportés.**

LOTS

entre 90 et 100

entre 100 et 115

entre 115 et 120

entre 120 et 130

25 Devinettes

→ **Qui suis-je ?**

Je suis un nombre entre 605 et 607. Je suis ....

Je suis le nombre juste avant 50. Je suis ....

Je suis le nombre juste après 199. Je suis ....

Hello! (Bonjour !)

mémo

Pour se saluer, on utilise plusieurs expressions :

le matin : good morning!
l'après-midi : good afternoon!
le soir : good evening!
avec ses copains : hello! ou hi!

26 Comment dire ?

→ **Relie chaque dessin à la bonne manière de saluer.**

GOOD MORNING!

HELLO!

GOOD AFTERNOON!

GOOD EVENING!

27 Porte-bonheur

→ **Relie les lettres des mots suivants dans l'ordre et découvre le symbole du pays de Patrick.**

HELLO   GOOD MORNING   GOOD EVENING

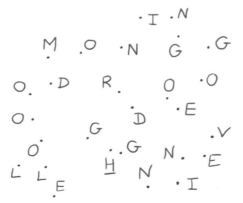

Comparer et ranger les nombres

mémo

Comparer deux nombres, c'est trouver celui qui est **le plus grand** ou **le plus petit**.

38 > 32 (38 est **plus grand** que 32)
32 < 38 (32 est **plus petit** que 38)
38 = 38 (38 est **égal** à 38)

Observe : le signe de comparaison s'ouvre toujours pour « manger » le plus gros chiffre.

<

28 ## Pas tous en même temps !

→ **Relie chaque ballon au signe qui lui manque pour savoir à quel lâcher il participe.**

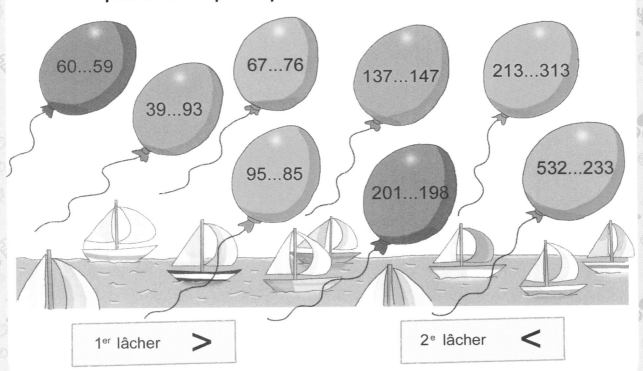

60...59

39...93

67...76

137...147

213...313

95...85

201...198

532...233

| 1er lâcher | **>** |

| 2e lâcher | **<** |

29 ## Des intrus dans le classement

→ **Barre l'intrus dans chaque ligne.**

7 < 19 < 28 < 43 < 34 < 41
120 > 117 > 106 > 95 > 75 > 84

L'addition sans retenue

mémo

Pour effectuer une **addition**, il faut :
- **aligner** les chiffres de **chaque rang**,
213 + 114
- additionner d'abord les unités puis les dizaines
puis les centaines.

c	d	u
2	1	3
+ 1	1	4
3	2	7

30 Au musée des arts africains

→ **Compte les additions pour trouver le code puis colorie.**

```
        10
  72    31     141
+ 24  + 144   + 235
......  ......  ......
```

31 La bonne statuette

→ **Complète la pyramide en additionnant les nombres
pour connaître
le numéro manquant
sous la statuette.**

	....		
	......	......	
115	31	10	12

....

Les valeurs de la lettre h

mémo

Je vois la lettre **h**, je lis :

[ʃ] : **chat**

[f] : **phoque**

[ ] : **hirondelle**

32 Safari-photo en Afrique

→ **Trace le chemin qui relie les bonnes syllabes pour écrire le nom de chaque animal photographié par Raphaël.**

grand Jeu des

Bientôt à l'eau !

Place au bon endroit toutes les pièces manquantes pour terminer le bateau.

Le coffre aux trésors

Croise les mots en te servant des images.

PIRATES

Sésame, ouvre-toi !

Trace avec des couleurs différentes les chemins que doivent suivre les pirates pour retrouver leur butin.

Morbleu ! C'est une femme !

Quel est le nom de cette célèbre femme pirate ?

Elle s'appelle ....

Les valeurs de la lettre t

mémo

Je vois la lettre t, je lis le plus souvent [t] : *tapis, natte*.
Parfois, je lis [s] : *addition*.

33 **Dans la famille en « t », je demande…**

→ **Retrouve les mots appartenant à la même série de sons.**
Reporte les numéros des cartes dans la liste qui convient.

[s] avec la lettre t : ....
[t] avec la lettre t : ....

1 INITIALE
2 ANTILOPE
3 PATIENCE
4 OUISTITI
5 OUTIL
6 POTIRON
7 COLLECTION
8 DIRECTION
9 ORTIE
10 ACROBATIE

34 **Devinettes**

→ **Qui suis-je ?**

Tu calcules mon résultat en ajoutant les nombres.
Je suis l'........................... .

Je suis magique dans les contes. Les sorcières me préparent
dans un grand chaudron.
Je suis la ....

Maths

L'addition avec retenue

mémo

Pour compter une addition avec retenue, il faut :
- **aligner** les chiffres de chaque rang,
- additionner d'abord les **unités** puis les **dizaines** puis les **centaines**,
- **compter une retenue** quand la somme des chiffres d'un rang dépasse 9,
- **ajouter la retenue** au rang où on la place.

	c	d	u
	①	①	
		1	2
		5	3
+	1	6	7
	2	3	2

---

35 Fort en maths ?

→ **Effectue chaque opération avant d'écrire le résultat en lettres dans la grille (un mot par case).**

a) 49 + 118

b) 83 + 24 + 75

c) 97 + 188 + 434

d) 9 + 51 + 42

e) 575 + 337

	b		c		
a	....	....	....		
	....		....		
	....		....		
d	....	....	e	....	....	....

---

36 Opérations en folie !

→ **Compte et complète la grille des opérations croisées.**

647	+	259	=	......
+	■	+	■	+
82	+	7	=	......
=	■	=	■	=
......	+	266	=	......

La table d'addition

mémo

La **table d'addition** contient tous les **résultats des tables de 1 à 10**. Pour compter plus vite, il faut l'apprendre par cœur. Pour trouver un résultat sur la table, il faut **suivre une ligne** avec son doigt gauche et **une colonne** avec son doigt droit : quand ils se rencontrent, on peut lire le résultat.

+	1	2	3	4	5	6	7	8	9	10
1	2	3	4	5	6	7	8	9	10	11
2	3	4	5	6	7	8	9	10	11	12
3	4	5	6	7	8	9	10	11	12	13
4	5	6	7	8	9	10	11	12	13	14
5	6	7	8	9	10	11	12	13	14	15
6	7	8	9	10	11	12	13	14	15	16
7	8	9	10	11	12	13	14	15	16	17
8	9	10	11	12	13	14	15	16	17	18
9	10	11	12	13	14	15	16	17	18	19
10	11	12	13	14	15	16	17	18	19	20

37 Concours de tag

→ **Colorie en associant la couleur et le résultat de l'addition pour découvrir le tag gagnant.**

■ 9   ■ 13   ■ 18   ■ 14

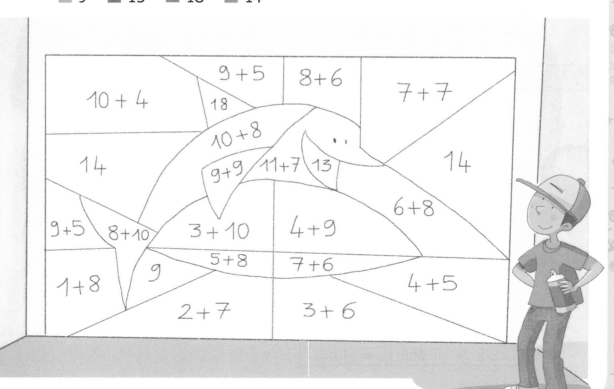

Emblèmes et symboles de la République

mémo

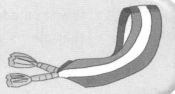

La France est une **République**. Le buste de **Marianne**, le **drapeau** bleu, blanc, rouge, **l'écharpe tricolore** que porte Monsieur le Maire lors des cérémonies officielles sont des **symboles** de la République française.

Au nom de la loi

→ **Entoure les emblèmes de la République sur l'image puis colorie ceux qui la représentent selon les bonnes couleurs.**

12 . 9 . 2 . 5 . 18 . 20 . 5

5 . 7 . 1 . 12 . 9 . 20 . 5

6 . 18 . 1 . 20 . 5 . 18 . 14 . 9 . 20 . 5

Devise

→ **Remplace chaque chiffre par la lettre qui correspond à son rang dans l'alphabet et complète la devise de la France.**

Les doubles

mémo

Quand on **additionne** 2 fois le même nombre, on obtient un **double**.

Exemple : 6 + 6 = 12   12 est le **double** de 6.

40 Perché !

→ **Complète les cases de la pyramide en écrivant les doubles à chaque étage.**

41 Chacun sa part

→ **Relie les doubles à leur décomposition.**

La phrase

Une **phrase** est une **suite de mots** qui a du sens.

L'**ordre des mots** dans la phrase est **important**.

Une **phrase** commence toujours par une **majuscule** et se termine par un **point** (./ !/ ?/...).

C'est l'heure de partir à la piscine.

---

42 **Champion**

→ **Retrouve les 7 différences dans le texte des bulles.**

---

43 **Prudence**

→ **Recopie les phrases en mettant les mots dans le bon ordre.**

Les types de phrases

mémo

Il existe **différents types de phrases**. On les reconnaît grâce à leur point final :
- les phrases qui posent une question se terminent par un point d'interrogation (**?**).
- les phrases qui expriment une surprise, un ordre, la joie se terminent par un point d'exclamation (**!**).
- les phrases qui racontent se terminent par un point (**.**).

Quel temps fait-il **?**   Il pleut **!**   Pas de plage pour aujourd'hui**.**

44 Quatre heures

→ **Relie chaque dessin à la bonne phrase et complète avec le point qui convient.**

A Il est l'heure de goûter   **B** Veux-tu du jus d'orange
C Débarrasse tes couverts

45 Miam-miam

→ **Choisis la bonne phrase et reporte la lettre pour découvrir le nom du dessert qui cuit dans le four.**

A. Mon frère lit la recette.
O. Mon frère lit la recette !

Z. As-tu fini
T. As-tu fini ?

L. À table.
T. À table !

R. Aidez-moi !
U. Aidez-moi ?

M. Est-ce que je casse les œufs.
E. Est-ce que je casse les œufs ?

How are you? (Comment vas-tu ? Comment allez-vous ?)

mémo

Pour savoir comment va une personne, on pose la question suivante :
How are you?

On peut avoir les réponses suivantes :

I'm happy.   I'm ok.   I'm sad.   I'm cold.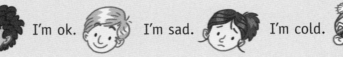

46 Ça va ?

→ **Colorie les cartes qui disent la même chose de la même couleur.**

I'M HAPPY.

I'M SAD.

I'M COLD.

I'M OK.

47 Bus stop

→ **Pour savoir ce que dit Peter, barre dans la liste les mots :**

- **qui finissent par un « y »,**
- **qui commencent par une lettre située après le R dans l'alphabet,**
- **qui ont 4 lettres.**

fine well ok sad tired happy scared hungry thirsty

I'M

. . . .

Sciences

Respecter l'environnement

mémo

Des **gestes simples** mais très **importants** permettent de respecter notre environnement et de préserver la nature :

- trier nos déchets,

- respecter les espaces communs et les bâtiments de notre ville.

48 Tri sélectif

→ **Trace le chemin qui conduit chaque enfant à la bonne poubelle pour jeter son déchet.**

49 La bonne attitude

→ **Barre les intrus dans l'illustration.**

Le verbe

mémo

Le verbe est le mot qui dit **ce que l'on fait** ou ce que l'on est dans la phrase.
*Théo **est** très content. Il **se promène** à vélo du matin au soir.*

50 Au bord du lac

→ **Remplis la grille avec les verbes au présent de l'indicatif indiquant ce que fait chaque personnage sur les dessins.**

51 C'est de la triche !

→ **Que se disent Manon et Hugo ?**

....

Le sujet du verbe

mémo

Le sujet du verbe est le mot ou le groupe de mots qui dit **qui fait** l'action.
En posant la question « *Qui est-ce qui ?* » ou « *Qu'est-ce qui ?* », tu trouveras
le sujet dans la réponse.

Les nuages **cachent** le soleil.
   sujet   verbe

Qu'est-ce qui cache le soleil ? Ce sont **les nuages** qui cachent le soleil.

52

Randonnée

→ **Associe les cartes par paires et remets les phrases
dans l'ordre pour reconstituer l'histoire.**

A	B	C ......

F
ATTENDENT LE
SIGNAL DU DÉPART.

A
LES ENFANTS

E
EST BIEN DÉCIDÉ
À LES SUIVRE.

C
UN JOLI
PETIT CHIEN

D
VÉRIFIE LE
MATÉRIEL.

B
LE MONITEUR

53

De la couleur pour les sujets !

→ **Colorie de la même couleur le verbe souligné et son sujet
dans chaque paire ci-dessus.**

La montagne

mémo La France a cinq grandes régions montagneuses : le **Jura**, les **Vosges**, le **Massif central**, les **Alpes** et les **Pyrénées**. En montagne, les paysages varient selon l'altitude et les saisons.

54 En altitude

→ **Complète le texte en remplaçant les numéros par les bons mots.**

Dans les hautes montagnes, les ② .... sont toujours recouverts de neige. Le ③ .... dévale sur le ① .... de la montagne. On construit les villes dans la ④ ....

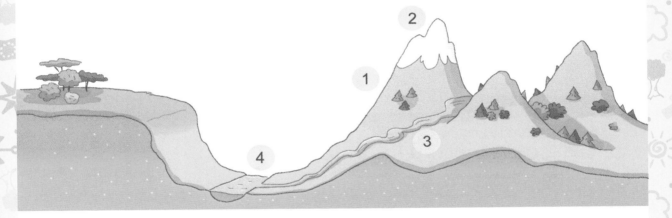

| torrent | sommets | vallée | versant |

55 Sports de haut niveau

→ **Barre les sports qui se pratiquent avec de la neige.**

ski
randonnée d'été
pêche en rivière
escalade

snowboard
canyoning
deltaplane
plongée sous-marine

Maths

La multiplication à 1 chiffre sans retenue

mémo

Pour compter une multiplication, je commence à droite :

je multiplie les **unités**,

je multiplie les **dizaines**,

je multiplie les **centaines**.

	c	d	u
	2	3	4
x			2
	4	6	8

---

56 ## Chambre avec vue...

→ **Associe par paire la multiplication et son résultat pour connaître le code des 4 chambres de l'hôtel Beau Rivage.**

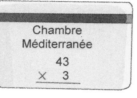

Chambre
Méditerranée

43
× 3

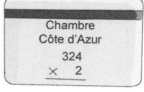

Chambre
Côte d'Azur

324
× 2

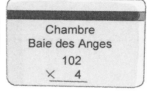

Chambre
Baie des Anges

102
× 4

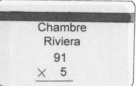

Chambre
Riviera

91
× 5

408

648

129

455

---

57 ## Et le code du garage ?

→ **Complète la pyramide magique en multipliant à chaque étage pour le découvrir.**

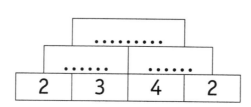

| .... |
| ...... | ...... |
| 2 | 3 | 4 | 2 |

HÔTEL BEAU RIVAGE

Pair ou impair

mémo

Un nombre **pair** est un nombre dont le chiffre des **unités** est **0**, **2**, **4**, **6** ou **8** : 574 est un nombre pair.

Les autres nombres sont **impairs** : 13 est un nombre impair.

58 **Soirée pirates !**

➜ **Pour être proclamé chef des pirates, il faut résoudre l'énigme de la clé. Trouve la clé qui ouvre le coffre et entoure-la.**

ÉNIGME

La clé qui ouvre le coffre porte un nombre qui est pair, qui est plus petit que 140, dont le chiffre des dizaines est impair.

136
108
142
157
125

59 **Devinette**

➜ **Qui suis-je ?**

Je suis un nombre pair à 2 chiffres.
Le chiffre de mes dizaines est impair. Il est placé entre 2 et 4 sur la droite des nombres.
Le chiffre de mes unités est le double de 4.
Je suis ....

L'arbre généalogique

mémo L'**arbre généalogique** sert à représenter la **famille**. En partant du bas du tronc, on repère les membres des différentes **générations** sur les branches.

60 De branches en branches

→ Complète l'arbre généalogique d'Énora avec les mots : grand-père, père, grand-mère et mère.

ÉNORA

61 Devinettes

→ **Qui suis-je dans la famille d'Énora ? Réponds puis complète l'arbre grâce aux indices.**

Énora est ma petite-fille. Je suis sa ....

Je m'appelle Yannick, Énora est ma sœur. Je suis son ....

Je m'appelle Brice. Yannick et Énora sont mes enfants. Je suis leur

....

Je m'appelle Lucien. Brice est mon fils. Je suis le ....
d'Énora.

The family (la famille)

mémo

Jared te présente sa famille :

My grandparents   My father   My mother   Me   My brother   My sister

62 ## Chers supporters

→ **Entoure dans le dessin les membres de chaque famille venus regarder le match de baseball puis, complète le tableau avec des croix pour indiquer qui est présent.**

	Grandparents	Father	Mother	Sister	Brother
BRUCE					
HARPER					
LEEROY					
MANI					

L'eau

mémo

L'eau existe sous différents états :
- **liquide** : l'eau du robinet
- **solide** : les glaçons
- **gazeux** : la vapeur d'eau

Elle passe d'un état à un autre en fonction de la température.

63 Transformation

→ **Suis le fil pour découvrir l'état de l'eau et colorie l'étoile de la bonne couleur. En bleu pour l'état liquide, en orange pour l'état solide.**

état
liquide

état
solide

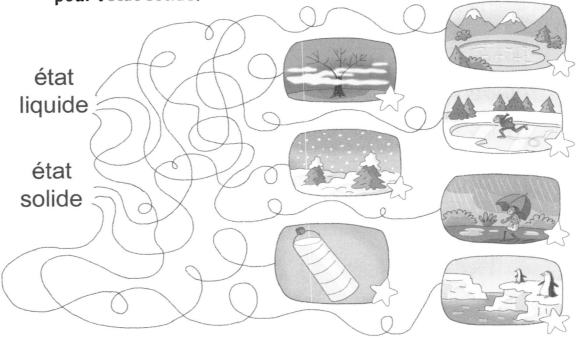

64 Saison des pluies

→ **Qui suis-je ? Écris mon nom sur la ligne.**

Mon premier est le contraire de « dur ».
Mon deuxième est le son de la 19e lettre de l'alphabet.
Mon troisième est un copain d'« elle » ou d'« il ».
Mon tout est une forte pluie d'Asie.

....

Nom commun et nom propre

mémo

Un **nom** désigne une **personne**, un **animal** ou une **chose**.

pilote   oiseau   gare

Il existe deux grandes familles de noms :

- les **noms propres** qui commencent par une **majuscule** pour nommer des gens, des pays, des fêtes.

Patrice, Sénégal, Halloween

- les **autres noms**, qui sont des **noms communs**.

65 **Destinations inconnues**

→ **Complète les noms propres ou les noms communs du tableau d'affichage là où il y a des bugs.**

DEPARTS
09H30 Paris   11H30 Nice   13H30 Moscou
10H00 ...yon   12H00 ...arcelone   14H00 ...ew York
10H30 ...arseille   12H30 Florence   14H30 Madrid
11H00 Londres   13H00 Rome   15H00 ...okyo
Les ...oyageurs sont priés de présenter leur ...arte d'identité
à l'embarquement et de surveiller leur ...alise.

66 **Attachez vos ceintures !**

→ **Entoure dans la grille en bleu les noms communs et en rouge les noms propres.**

Afrique
Amérique
Asie
billet
Europe
hôtesse
passager
pilote
valises

P	A	S	S	A	G	E	R	H
I	E	U	R	O	P	E	R	Ô
L	A	F	R	I	Q	U	E	T
O	A	M	E	R	I	Q	U	E
T	V	A	L	I	S	E	S	S
E	L	E	T	A	S	I	E	S
B	I	L	L	E	T	U	X	E

Sautera, sautera pas ?

Remplace chaque bouée par une voyelle et tu découvriras ce que dit Léo.

oh! J'oo
--!----
ono do cos
----
poors!

Dans le grand bain

Croise les mots en repérant les numéros dans l'illustration.

LA PISCINE

À chacun sa nage

Remets les lettres dans l'ordre pour savoir
ce que pratique chaque nageur.

S/S/R/B/A/E   la ....
W/C/A/L/R   le ....
P/P/I/O/L/L/N/A   le ....

Jamais vu !

Retrouve les deux détails qui ne font pas partie
de l'illustration.

Intrus

Trouve trois intrus dans l'image.

49

L'article

mémo

L'article est le petit mot qui accompagne le nom. *Le, la, l', les, un, une, des* sont des **articles**.

le perroquet – **la** forêt – **l'**iguane – **les** masques – **un** monstre – **une** sorcière – **des** contes

67 **En direct de la veillée « Feu de camp »**

→ **Complète le texte du reportage de Titouan en te servant des articles proposés dans les étoiles.**

Nous sommes en direct de ...... veillée « Feu de camp ». Ludo, ... responsable de ...... équipe Babidous, est à ...... guitare et Nadia, ... infirmière, joue de ...... accordéon. Tout ...... monde chante et danse. Il y a même ...... spectateurs étonnants : ...... chouette et ...... ver luisant.

68 **Sudoku**

→ **Complète le sudoku.** *Un même article ne doit apparaître qu'une seule fois par ligne, colonne ou carré.*

un	des	l'	les
l'			
		un	
des			l'

La table de 3

mémo

La table de **multiplication par 3** permet de compter plus vite. La savoir par cœur aide beaucoup.

1 x 3 = 3	6 x 3 = 18
2 x 3 = 6	7 x 3 = 21
3 x 3 = 9	8 x 3 = 24
4 x 3 = 12	9 x 3 = 27
5 x 3 = 15	10 x 3 = 30

69 **En Camargue**

→ **Relie chaque animal et l'endroit où il va en multipliant par 3 le nombre qui l'accompagne.**

70 **Et moi, on m'oublie !**

→ **Complète la pyramide magique en faisant des multiplications à chaque étage pour savoir qui Mathis n'a pas regardé.**

	....		
	......	......	
1	3	3	3

Mathis n'a pas regardé ....

Le genre du nom

Un nom est **féminin** quand il est accompagné de l'article **la** ou **une**.
une fête   la barbe à papa

Un nom est **masculin** quand il est accompagné de l'article **le** ou **un**.
un manège   le sandwich

71 **Dans le mille**

→ **Suis la ficelle de chaque carabine puis écris l'article associé au nom.**

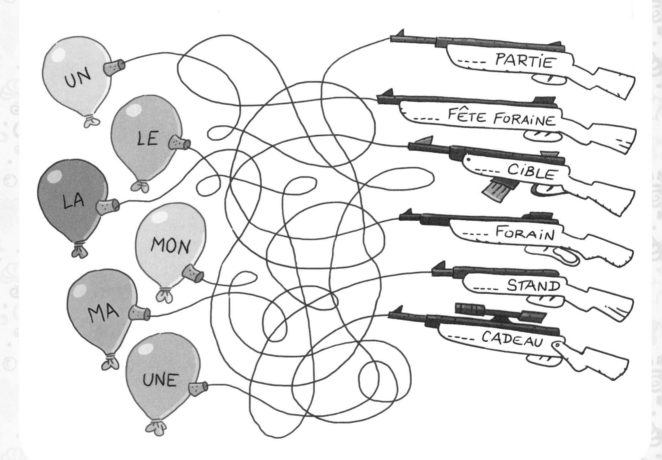

---- PARTIE

---- FÊTE FORAINE

---- CIBLE

---- FORAIN

---- STAND

---- CADEAU

UN · LE · LA · MON · MA · UNE

72 **Touché : couleurs !**

→ **Colorie en vert les carabines si les noms sont féminins et en rouge s'ils sont masculins.**

La table de 4

mémo

La table de **multiplication par 4** permet de compter plus vite. La savoir par cœur aide beaucoup.

1 x 4 = 4	3 x 4 = 12	5 x 4 = 20	7 x 4 = 28	9 x 4 = 36
2 x 4 = 8	4 x 4 = 16	6 x 4 = 24	8 x 4 = 32	10 x 4 = 40

73 **Grimpe, je tiens bon !**

→ **Suis les cordes puis écris sur le casque de chaque enfant le nombre 4 fois plus grand que celui du casque du copain qui l'assure.**

74 **Devinette**

Je suis un nombre à 2 chiffres.
Mon chiffre des dizaines est impair.
Je suis dans la table de x 2, de x 3 et de x 4.
Je suis ....

Le nombre du nom

mémo

Quand un **nom** commun désigne **une seule** chose, **un seul** animal ou une seule personne, on dit qu'il est au **singulier**. Il est **accompagné** d'un article singulier : **le, la, l', un, une.**   **un** coq

Quand un **nom** commun désigne **plusieurs** choses, plusieurs animaux ou plusieurs personnes, on dit qu'il est au **pluriel**. Il est **accompagné** d'un article pluriel : **les, des.**   **des** coqs

75 Visite de la ferme

→ **Complète le texte avec les noms suivants :**

vache   chevreaux   bouc   chèvre   taureau   veaux

Nos animaux ont chacun leur coin préféré. Près du puits, la .... rousse aime brouter. Le .... , lui, est enfermé dans l'enclos juste à côté parce qu'il n'a pas toujours bon caractère. Dans l'étable, les petits .... restent encore avec leur mère.
Les canards n'aiment pas qu'un .... s'approche de la mare. La .... , elle, se repose au pied du chêne en surveillant ses ....

76 À table !

→ **Colorie en bleu les noms d'animaux au pluriel et en orange ceux au singulier.**

ANIMAUX À NOURRIR

BOX 1 : PADOC, LE CHEVAL
BOX 2 : LES MOUTONS
BOX 3 : AGATHE, LA POULE
BOX 4 : DES COCHONS
BOX 5 : LES DINDONS

La table de 5

La table de **multiplication par 5** permet de compter plus vite. La savoir par cœur aide beaucoup.

1 x 5 = 5	6 x 5 = 30
2 x 5 = 10	7 x 5 = 35
3 x 5 = 15	8 x 5 = 40
4 x 5 = 20	9 x 5 = 45
5 x 5 = 25	10 x 5 = 50

77 **Transhumance**

→ **Barre dans la grille :**

– **tous les nombres dans la table de 5**

– **tous les nombres plus grands que 50**

pour trouver le nombre de moutons que le berger et son chien conduisent dans la montagne pour l'été.

10	40	50	5
45	15	51	20
30	49	25	59
57	35	63	76

78 **Fleurs de montagne**

→ **Colorie de la même couleur les fleurs qui ont le même résultat.**

L'électricité

mémo

De nombreux appareils autour de nous fonctionnent grâce à l'**électricité**.

Les objets électriques ont besoin de courant
électrique pour fonctionner :
soit le courant des **piles**,
soit le courant des **batteries**,
soit le courant des **prises électriques**.

Mais, attention, l'électricité est **dangereuse**. Il faut respecter des **consignes de sécurité**.

79 T'es au courant ?

→ **Entoure tous les objets à pile dans cet atelier
pour que Léonard remplisse son conteneur.**

80 En boucle

→ **Colorie en jaune les ampoules quand elles peuvent s'allumer.**

Il faut que
le circuit soit
bien fermé.

La multiplication à 1 chiffre avec retenue

mémo

Pour compter une **multiplication à retenue**, il faut :
- **commencer** à droite par les **unités**,
- **compter une retenue** quand la somme des chiffres d'un rang dépasse 9,
- **ajouter la retenue** au rang où on la place.

	c	d	u
	①	①	
	2	5	9
x			2
	5	1	8

81 **Artiste en herbe**

→ **Associe le résultat de la multiplication à la bonne couleur.**

■ 270 ■ 618 ■ 504 ■ 490

98 × 5

245 × 2

135 × 2

206 × 3

126 × 4

309 × 2

245 × 2

90 × 3

168 × 3

54 × 5

Les marques du nombre pour le nom

mémo

Au **pluriel**, les noms communs ont **s** ou **x** comme lettre finale.
les botte**s**   des gâteau**x**

82 Chacun à sa place

→ **Transforme les noms au pluriel puis écris-les dans la grille.**

1) un oiseau
2) un champignon
3) un écureuil
4) un loup
5) un hibou
6) un arbre
7) une biche
8) un sanglier

83 Chasse aux mots

→ **Entoure** en jaune **les mots qui ont un s au pluriel et** en bleu
ceux qui ont un x au pluriel.

moineaux   hêtres

hiboux   taupes

oiseaux   mûres

cailloux   cerfs

étourneaux   renards

Maths

L'addition à trous

mémo

36+ ...... = 44 est une addition à trous.

Pour la compter, je dois chercher ce qui manque à 36 pour faire 44.

| **36** | 37 | 38 | 39 | 40 | 41 | 42 | 43 | 44 |

Il manque 8 à 36 pour aller jusqu'à 44 sur la droite des nombres. 36 + 8 = 44.

84 Scores à trous

→ **Complète le tableau des résultats des enfants qui ont fait chacun deux parties de lancer d'anneaux.**

	Partie 1	Partie 2	TOTAL
HUGO	50	....	100
ADAM	....	30	90
ALICE	....	60	100
SACHA	50	....	95
INÈS	30	....	90

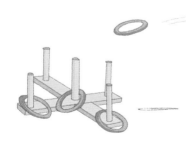

85 Devinette

→ **Quel est le score de Camille, qui n'a fait qu'une partie ?**

Son score est un nombre impair de 2 chiffres.

Il manque 6 à 39 pour le faire.

Score de Camille : ....

La carte de France

mémo

La **carte de France** représente les mers, les montagnes, les cours d'eau, les villes de notre pays.

On utilise des **couleurs différentes** pour y repérer les informations que l'on cherche : bleu pour les mers et les cours d'eau, marron pour les montagnes, etc.

86 Des morceaux de France

→ **Reconstitue la carte en plaçant les pièces au bon endroit.**

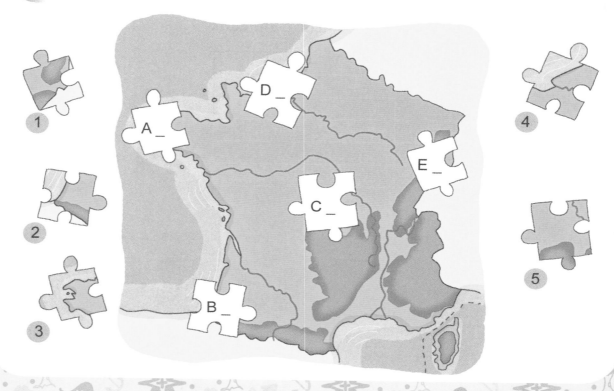

87 Vacances en France

→ **Complète chaque phrase en te servant du rébus.**

• Cet été, nous avons visité

....

• Antoine et ses parents ont fait de la randonnée dans les

....

L'adjectif qualificatif

mémo

Dans le **GN** (groupe nominal), l'**adjectif qualificatif** précise le nom. Il indique comment sont les personnes, les animaux ou les choses.

un sommet **blanc**   un **bon** skieur   un aigle **royal**

88 Au grand air

→ **Barre dans la grille tous les adjectifs soulignés dans les GN. Avec les lettres restantes, tu découvriras quel animal Léontine et Émile observent au loin.**

un chalet <u>ouvert</u> – une prairie <u>fleurie</u> – un lièvre <u>marron</u> – une marmotte <u>endormie</u> – un sommet <u>blanc</u> – une <u>belle</u> fleur <u>mauve</u> – des jumelles <u>neuves</u> – un imperméable <u>rouge</u> – l'air <u>frais</u>

↓							
O	U	V	E	R	T	C	E
F	M	A	R	R	O	N	N
L	H	F	B	B	M	E	D
E	A	R	L	E	A	U	O
U	M	A	A	L	U	V	R
R	O	I	N	L	V	E	M
I	I	S	C	E	E	S	I
E	R	O	U	G	E	S	E

un _ _ _ _ _ _ _

89 Un arc-en-ciel de fleurs

→ **Remets les lettres dans l'ordre puis colorie chaque fleur de la bonne couleur.**

un lys AGNORE :   un lys _ _ _ _ _ _

un chardon ELBU :   un chardon _ _ _ _

une gentiane EAUJN :   une gentiane _ _ _ _ _

des pensées EOVLTSETI : des pensées _ _ _ _ _ _ _ _ _

La soustraction sans retenue

mémo

Faire une **soustraction** c'est chercher un **écart**, une **différence** ou un **reste**.

Pour poser une soustraction, il faut :

– écrire en haut le plus grand nombre

– aligner les **unités**, puis les **dizaines** et les **centaines**.

	c	d	u
	3	4	9
−	1	2	3
	2	2	6

90 Rangez vos carquois

→ **Trouve le nombre de flèches restant dans le carquois de chaque concurrent puis écris-le aux pieds des archers.**

9   21   60   43

91 L'équipe gagnante

→ **Écris les résultats du concours aux bonnes places dans la grille, puis colorie la feuille des vainqueurs.**

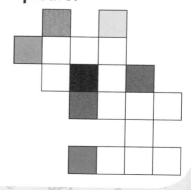

Équipe jaune	883 − 502
	......

Équipe verte	258 − 116
	......

Équipe rose	999 − 215
	......

Équipe bleue	56 − 36
	......

Équipe orange	537 − 314
	......

Équipe violette	839 − 431
	......

Le genre de l'adjectif qualificatif

mémo

L'adjectif qualificatif est masculin quand le nom qu'il précise est masculin, ou féminin si le nom est féminin.

une grande piscine un grand toboggan

adjectif féminin   nom féminin adjectif masculin   nom masculin

92 Bien équipé !

➜ **Place les adjectifs qualificatifs dans la grille et colorie le sac à dos de la bonne couleur.**

une tente solide

un grand sac de couchage

des chaussures ouvertes

un réchaud neuf

un tapis de sol résistant

93 Bien installé ?

➜ **Trace le bon chemin pour retrouver chaque adjectif.**

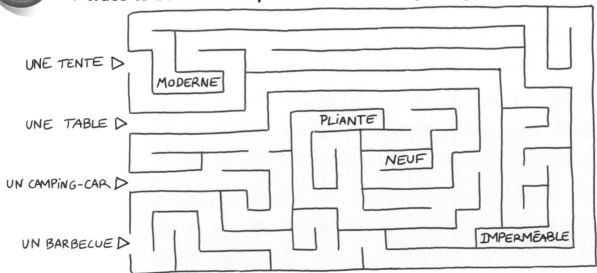

UNE TENTE ▷   MODERNE

UNE TABLE ▷   PLIANTE

UN CAMPING-CAR ▷   NEUF

UN BARBECUE ▷   IMPERMÉABLE

La soustraction avec retenue

mémo

Quand on calcule une soustraction et que l'un des chiffres du rang du bas est plus grand que celui du haut, on pose une retenue. 673 – 215

5 ôté de 3, ce n'est pas possible.

J'emprunte une dizaine qui me rapporte 10 **unités** et je dis : 5 ôté de 13 reste 8.

J'ajoute une **dizaine** 1 + 1, 2 ôté de 7 reste 5 et 2 ôté de 6 reste 4.

	c	d	u
			①
	6	7	3
–	2	1	5
		+1	
	4	5	8

94 Couper...coller

→ **Entoure chaque soustraction et son résultat de la même couleur. Puis termine la dernière.**

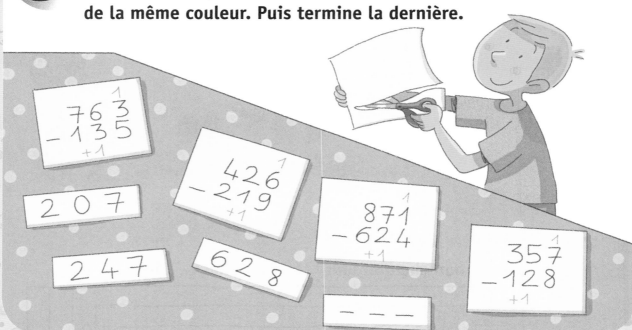

$$\begin{array}{r} 7\,6\,\overset{1}{3} \\ -\,1\,3\,5 \\ \hline {\scriptstyle +1} \end{array}$$

$$2\,0\,7$$

$$\begin{array}{r} 4\,2\,\overset{1}{6} \\ -\,2\,1\,9 \\ \hline {\scriptstyle +1} \end{array}$$

$$\begin{array}{r} 8\,7\,\overset{1}{1} \\ -\,6\,2\,4 \\ \hline {\scriptstyle +1} \end{array}$$

$$2\,4\,7$$

$$6\,2\,8$$

$$\begin{array}{r} 3\,5\,\overset{1}{7} \\ -\,1\,2\,8 \\ \hline {\scriptstyle +1} \end{array}$$

$$\_\,\_\,\_$$

95 Vignettes autocollantes

→ **Trouve la solution de cette énigme et écris-la.**

Maxence achète 265 images d'animaux.
Il en donne 136 à son petit frère Tim.
Combien d'images a-t-il collées dans son album ?

L'accentuation de la lettre e

Quatre accents différents peuvent être placés sur la lettre **e** pour changer le son.

/ (l'accent aigu) pour faire [e] : *cheminée*

\ (l'accent grave) pour faire [ɛ] : *modèle*

^ (l'accent circonflexe) pour faire [ɛ] : *fenêtre*

¨ (le tréma) pour faire [ɛ] : *Noël*

96 ## Vide-grenier au village

→ **Remets les syllabes dans l'ordre pour compléter les étiquettes en écriture attachée et avec les bons accents.**

97 ## Charade

Mon premier est la cinquième lettre de l'alphabet avec un accent aigu.

Mon deuxième couvre la maison.

Mon troisième est le masculin de l'article « la ».

Mon tout brille dans la nuit noire.

C'est une ....

Les moitiés

mémo Quand on **partage** une quantité en 2 parties égales, on obtient une **moitié**.
18 = 9 + 9   9 est la **moitié** de 18.

98 À deux, c'est encore mieux

→ Retrouve avec quel camarade chaque enfant va partager ses jouets et écris la moitié sur les pointillés.

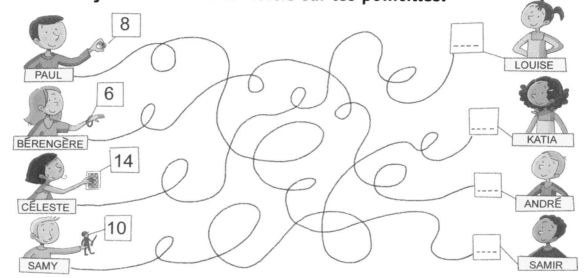

99 Mot compte double

→ Barre dans la grille toutes les moitiés des résultats des participants et entoure la moitié restante pour écrire le chiffre taché sur l'affiche.

9	8	1
6	7	2

CONCOURS DE SCRABBLE

Sylia : 18   Arthur : 14

Hugo : 2   Anaé : 16

Pierre : 4   Laura : ▓

Au temps de Charlemagne

Au temps de **Charlemagne**, l'**empereur** couronné en l'an 800, les **guerriers** de son armée portaient un équipement très lourd pour partir au combat : un casque, un manteau, un bouclier, une épée et une lance.

100 **Tous pour notre empereur !**

→ **Associe la couleur à la lettre initiale qui la représente.**

■ R   ■ B   ■ V   ■ M   ■ G

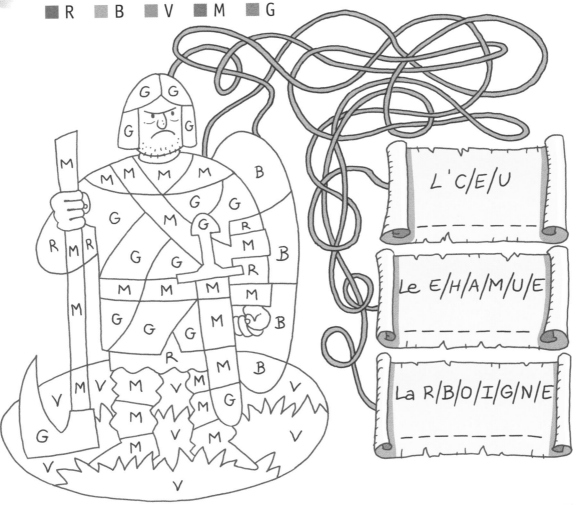

L' C/E/U
_____

Le E/H/A/M/U/E
_____

La R/B/O/I/G/N/E
_____

101 **L'équipement**

→ **Suis le bon chemin et remets les lettres dans l'ordre pour découvrir le nom de chaque partie de l'équipement du guerrier.**

GRAND·JEU

Photo bizarre !

Retrouve 7 différences entre la photo et la réalité.

À réparer

Le filet a des trous, répare-le.

Message codé

Remplace chaque lettre par celle qui la suit dans l'alphabet pour savoir ce que dit l'arbitre.

RHKDMBD   CZMR   KDR   FQZCHMR !

_ _ _ _ _ _ _   _ _ _ _   _ _ _   _ _ _ _ _ _ _ !

À qui est cette raquette ?

Entoure les mots de la liste dans la grille. Avec les lettres restantes, tu découvriras à qui appartient cette raquette.

BALLE
FILET
JEUX
LIGNE
SET
SMASH

L	O	B	R	E
S	M	A	S	H
F	I	L	E	T
N	Z	L	O	E
X	U	E	J	S
E	N	G	I	L

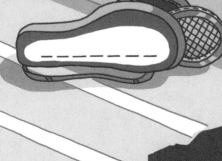

_ _ _ _ _ _ _

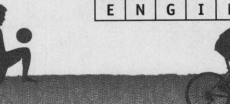

Observer et raisonner

mémo

Pour **bien raisonner**, il faut :
- **observer** ce qui est proposé,
- **lire** la consigne attentivement,
- **repérer** ce qui est important,
- **aller chercher** dans sa mémoire tout **ce que l'on sait** pour répondre.

102 ## Sur le pont supérieur

→ **Reconstitue l'image en plaçant les pièces du puzzle au bon endroit.**

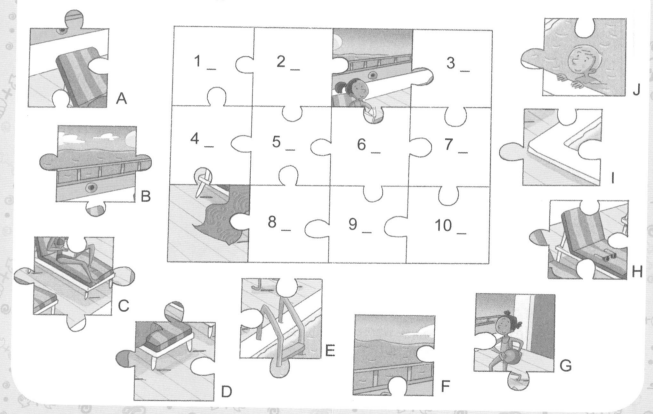

103 ## Sudoku

→ **Complète la grille pour que chaque ligne, chaque colonne et chaque carré contiennent une seule fois les chiffres 1, 2, 3 et 4.**

1	4		
2	3		1
			4
	2		

Colors (les couleurs)

mémo

Voici le nom des couleurs en anglais :

red   orange   yellow   green   blue   purple   black   grey   white   brown

104   ## New York, New York...

→ **Colorie le dessin en suivant le nom des couleurs.**

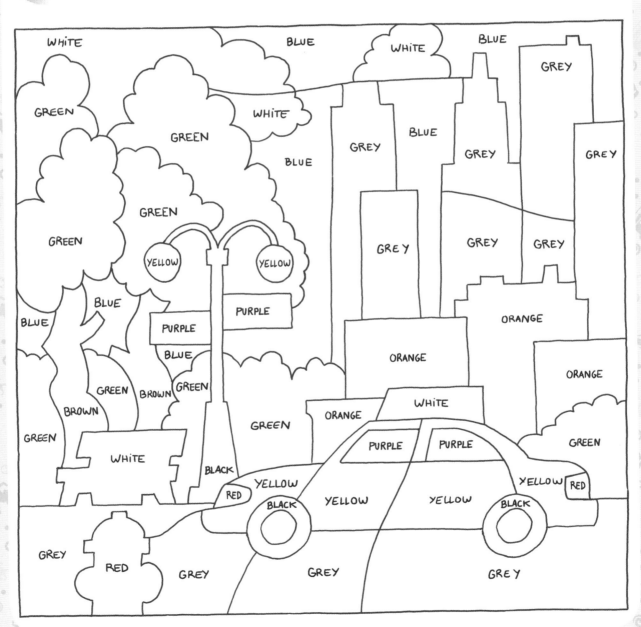

Comprendre l'énoncé d'un problème

mémo

L'énoncé d'un problème est un texte qui te raconte **une histoire** avec **une question** à laquelle tu répondras en faisant des calculs.

Pour **bien comprendre l'énoncé** d'un problème, il faut :
- **lire attentivement** le texte et **chercher dans le dictionnaire** le sens des mots que tu ne comprends pas,
- **repérer** les mots importants,
- **dessiner** l'histoire **ou voir** les images dans ta tête.

105 Prises au piège !

Pour éviter que les fourmis n'envahissent la véranda, Rémi a placé un piège à l'entrée : 8 fourmis très gourmandes sont déjà enfermées dans la boîte et 5 s'approchent des trous.
Combien de fourmis seront-elles prises quand elles seront toutes entrées dans la boîte ?

➜ **Entoure en rouge l'image qui raconte l'histoire.**

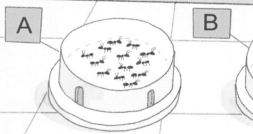
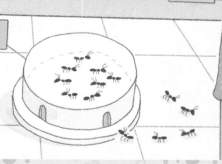

106 Sauve qui peut !

➜ **Combien de fourmis constituent la colonie qui vit dans le jardin et éviteront désormais le piège ? Pour le savoir, résous cette charade.**

Mon premier est juste après 4.
Mon deuxième est le double de 3.
Mon troisième est le résultat de 2 x 4.
Mon tout est un nombre à trois chiffres ....

Maths

Résoudre un problème

Quand on a lu et compris l'énoncé du problème, il faut répondre à la **question** en faisant des **calculs** pour trouver la **solution**.

107

Petits, petits !

→ **Lis attentivement l'énoncé du problème puis réponds à la question en suivant les étapes proposées.**

Dans la basse-cour, la cane a bien du mal à se faire obéir. Elle est suivie par 8 petits canetons bien sages mais 6 autres barbotent dans la mare et 2 jouent à cache-cache. Combien a-t-elle de canetons en tout ?

Je fais un dessin avec ce que je sais.

Je fais mes calculs.

Je réponds à la question.

La cane a ....

Le nombre de l'adjectif qualificatif

mémo

L'adjectif qualificatif est pluriel quand le nom qu'il précise est pluriel, ou singulier si le nom est singulier.

une sculpture verte   des sculptures vertes
singulier   pluriel

108   La touche finale

→ **Barre dans la liste tous les groupes au pluriel et dessine dans le tableau tous les groupes au singulier.**

des crabes rouges
un soleil jaune
des parasols multicolores
un seau rouge
des glaces dégoulinantes
des moulins triangulaires
un parasol ouvert
des chats assoupis
une serviette bleue
des bateaux verts
une bouée orange

Les problèmes en images

L'énoncé d'un problème peut comporter une **image** et une **question**. Pour résoudre ce problème, il faut :
- **observer** attentivement l'image,
- **repérer** les renseignements importants que l'image nous donne,
- **répondre** à la question en faisant des calculs pour **avoir la solution du problème**.

109

Chouette, des glaces !

➔ **Observe l'image puis réponds à la question du problème en suivant les étapes proposées.**

Quelle somme d'argent la maman dépense-t-elle pour acheter des glaces à ses enfants ?

1) J'entoure dans l'image le prix des glaces et ce que mange chaque enfant.

2) Je fais mes calculs.

3) Je réponds à la question.

La maman dépense ....

Les lettres doubles

mémo

J'entends [ɛ] et j'écris **e** sans accent s'il est suivi de consonnes doubles :
raque**tte** ...... Te**rr**e

110 Par temps de pluie

→ **Place les mots aux bons endroits et découvre ce que les enfants vont faire.**

chaussette
noisette
dentelle
antenne
pierre
verre

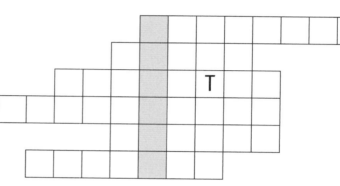

un _ _ _ _ _ _

111 Les deux font la paire

→ **Entoure de la même couleur les mots qui sont écrits avec des lettres doubles identiques.**

ficelle   maîtresse

poubelle   serrure

épuisette   adresse   terre   fourchette

Maths

La monnaie – L'euro : les pièces

mémo

Il faut **100 centimes** pour faire **1 euro**.

2 € 50 c deux euros et cinquante centimes

Il faut d'abord lire les euros puis les centimes.

112 Chez les druides

→ **Colorie le dessin selon le code.**

■ 🐊 < 50 c   ■ = 1 €   ■ > 🐊 2€

■ = 65 c   ■ = 1 € 30

Les types d'habitat

mémo

Dans les **villes**, les gens habitent le plus souvent dans des **immeubles** ; à la **campagne**, dans des **maisons** ; et à la **montagne**, dans des **chalets**.

113 ## Chacun chez soi

→ **Croise les types d'habitat en te servant des images.**

114 ## D'autres habitations

→ **Remplace chaque chiffre par la lettre qui correspond à son rang dans l'alphabet.**

8.21.20.20.5   3.1.2.1.14.5   22.9.12.12.1

....

The weather (la météo)

mémo

Pour demander le temps qu'il fait, on pose la question suivante :
What's the weather like?

It's sunny. It's rainy. It's windy. It's cold. It's hot.

115 Au soleil ?

→ **Entoure de la même couleur la carte avec le mot et l'image correspondante.**

COLD

B

SUNNY

D

A

RAINY

C

HOT

116 Sudoku du temps

→ **Remets les mots dans les bonnes cases pour qu'ils ne soient jamais deux fois sur les mêmes lignes et dans les mêmes colonnes.**

cold			sunny
			rainy
hot			cold

s ou ss ?

J'entends [s] :

j'écris **ss** entre deux voyelles : ti**ss**u

j'écris **s** entre une voyelle et une consonne : mou**s**tache.

117 **Un peu de rangement**

→ **Complète les étiquettes des rayonnages de la bibliothèque par la bonne écriture s ou ss.**

POI ONS

PRINCE ES

IN TRUMENTS DE MU IQUE

OI EAUX

118 **Consonne ou voyelle ?**

→ **Colorie en bleu les lettres qui entourent les s.**

DESSERT

POSTE

ASSIETTE

CHAUSSETTE

ESCARGOT

Le temps qui passe

mémo Le sablier, les horloges, les montres, les réveils permettent de se repérer dans le temps qui passe car ils indiquent l'heure. On peut lire l'heure grâce à la petite et à la grande aiguille ou avec des chiffres.

119 ## Au fil du temps

→ **Relie les heures de cette matinée dans l'ordre chronologique puis découvre l'un des instruments de mesure du temps préféré du Lapin Blanc.**

120 ## En retard !

→ **Colorie de la même couleur toutes les heures identiques et entoure l'heure restante.**

c ou ç ?

mémo

J'entends [s] :
j'écris **c** devant e, i, y : **c**erise
j'écris **ç** devant a, o, u : gla**ç**on.

121 **En ordre**

→ Complète les noms avec l'écriture c ou ç qui convient puis range chaque bol sur la bonne étagère.

122 **Boisson glacée**

→ Suis le son [s] pour atteindre le frigo et remplir le verre.

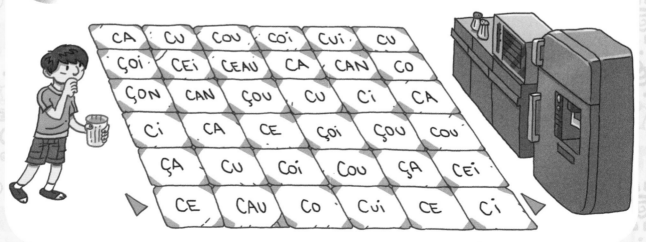

g ou gu ?

mémo J'entends [g] :
j'écris g devant a, o, u : gâteau
j'écris gu devant e, i, y : guitare.

123 Gourmandises

→ **Retrouve les mots correspondant aux définitions et place-les dans la grille.**

1) Elle sert à transporter une boisson en randonnée.
2) Elle est froide et peut avoir différents parfums.
3) Tu la tires pour faire une grimace.
4) Sucre glace, chocolat ou chantilly à étaler dans ses trous.
5) Mieux que manger, quand on aime on doit....
6) C'est une sucrerie faite de blanc d'œuf cuit.

124 Finitions

→ **Découvre le nom du motif que l'enfant veut dessiner et aide-le à finir son gâteau.**

Les canards se baignent dans mon premier.
Mon deuxième est la première syllabe de « guenon ».
Mon troisième se mange avec des baguettes.
Mon quatrième est la deuxième syllabe de « retenir ».
Mon tout est une fleur blanche.

une _ _ _ _ _ _ _ _ _ _

La monnaie – L'euro : les billets

mémo — **Au-delà de 2 €,** au lieu d'utiliser des pièces, on utilise des **billets**. Cela est plus pratique pour représenter de grosses sommes.

125 Les courses de la semaine

→ **Calcule le montant de chaque caddie et barre cette somme dans la grille. Avec les chiffres restants, tu découvriras le montant du dernier.**

1	5	7	0
1	2	1	5
3	6	5	5
0	5	9	0

50 +20

500 +100 + 50 + 5

200 +10 + 5

10 + 5

100 + 20 +10

5

126 Sudo-caisse

→ **Complète le sudoku.** *Un même nombre ne doit apparaître qu'une seule fois par ligne, colonne ou carré.*

100			
			5
		500	
	20		

Rendre la monnaie

mémo

Pour **rendre la monnaie**, il faut calculer la **différence** entre l'**argent donné** et la **somme à payer**.

Par exemple :
somme à payer 15 €
argent donné 20 €

(20 – 15 = 5)

La vendeuse rend 5 € à Gabin.

127 Par ici la monnaie !

→ **Relie chaque achat au montant rendu.**

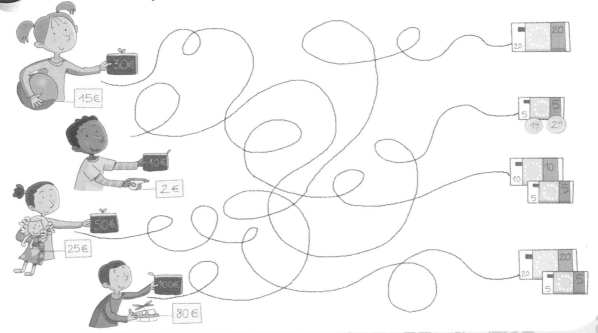

128 Argent de poche

→ **Trouve la solution de l'énigme et entoure le bon paquet.**

Thomas veut acheter un paquet de bonbons. Sa maman lui donne 6 € et son oncle 4 €. Il entre dans le magasin et ressort avec un paquet de bonbons et 3 €. Quel sachet a-t-il acheté ?

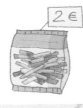

Installation

Repasse le chemin qui mène chaque campeur à son emplacement.

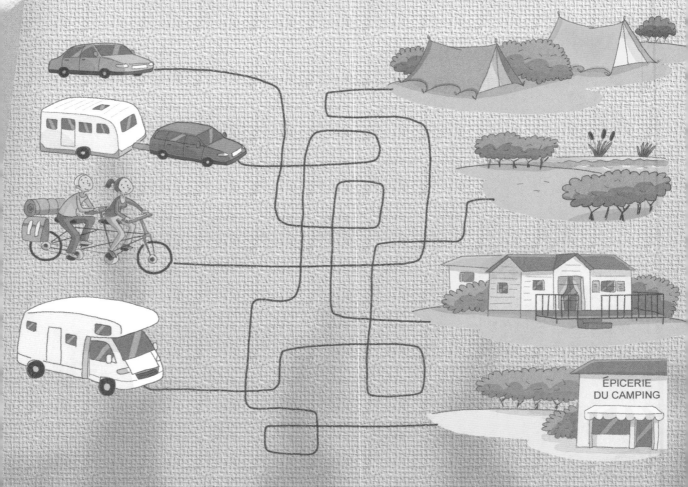

Qui va là ?

Entoure sur cette double-page 3 intrus qui n'ont rien à faire
dans le camping.

DU CAMPING,

Tout se passe bien ?

Relie les points de 2 en 2 et tu découvriras comment se déplace le gardien qui surveille le camping.

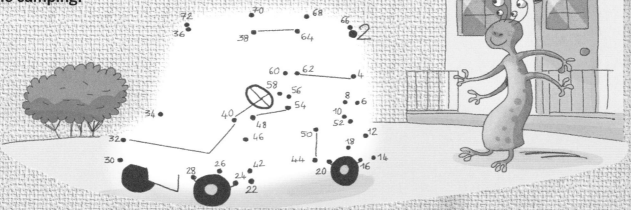

La voisine

Retrouve le personnage qui est dans la tente en t'aidant des photos.

g ou ge ?

mémo

J'entends [ʒ] :
j'écris **g** devant e, i, y : **g**irafe
j'écris **ge** devant a, o, u : pi**ge**on.

129 Abracadabra

➜ **Assemble les syllabes pour retrouver le nom des objets qu'a fait apparaître le magicien. Avec les syllabes restantes, tu découvriras l'objet caché sous son chapeau !**

| PI | BOU | GÉ | GIE | HOR | A | NIE | NU | GEON | LO | GE | GE |

130 Disparition immédiate

➜ **Barre l'intrus dans chaque liste.**

- rouge   sage   guenon   cage
- pigeon   agile   gilet   bougie
- nageoire   visage   bourgeon   cageot

Les accords dans le GN (groupe nominal)

mémo

Dans le groupe du nom (**GN**), les mots qui accompagnent le nom s'accordent avec lui.

des petits oiseaux noirs
nom au pluriel

une grande ronde
nom au féminin

131 **La ménagerie du cirque Artus**
→ **Écris les GN avec les mots de chaque cage.**

132 **Avis de recherche**
→ **Aide le directeur du cirque à retrouver qui s'est échappé de sa cage en te servant des indices et du jeu précédent.**

Il y avait plusieurs animaux dans cette cage.
Le nom de ces animaux est masculin.
Deux adjectifs entouraient le nom.
Ce sont .... qui se sont échappés de leur cage.

Les déplacements des animaux

mémo

Les animaux se déplacent sur la terre, dans l'air ou dans l'eau.
Ils peuvent marcher, sauter, courir, voler, ramper ou nager.
Leur corps est adapté à leur déplacement.

133 ## Un, deux, trois, soleil…

→ **Écris le nom de chaque animal à la bonne place.**

1) Parfois je nage, parfois je fais des bonds sur le sol.
2) J'ai quatre pattes qui me servent de rames pour nager et, quand je marche, ma carapace touche le sol.
3) Je saute tout le temps.
4) Je nage, je marche et je vole.
5) Je vole très haut dans le ciel.
6) Je rampe et je bave.
7) Je nage très vite et je vis sous l'eau.
8) Je cours et je saute pour aller encore plus loin.

La lettre finale muette

mémo

Dans certains mots, la **lettre finale** est **muette,** elle **ne se prononce pas** : *banc*.

On peut parfois la repérer grâce :

- à un mot de la même famille dans lequel on l'entend : galo**p**.....galo**p**er

- au mot écrit au féminin dans lequel on l'entend : peti**t**......peti**t**e.

134 Tu regardes quooooi ?

→ **Barre dans la grille les mots correspondant aux dessins.**
Avec les lettres restantes tu trouveras ce qu'observe Mathieu.

↓

B	A	N	C	C
R	A	T	A	S
R	A	P	N	A
A	U	D	O	N
G	A	N	T	G

Il observe un ....

135 Muettes mais colorées !

→ **Colorie en bleu les cases de la grille contenant la lettre finale muette d'un mot.**

Les masses

mémo

La **masse** d'un objet se mesure en **kilogrammes** (kg)
ou en **grammes** (g).

1 kg = 1 000 g

Sur une balance, le plateau le plus bas contient toujours l'objet le plus lourd.

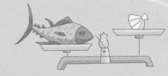

136 Belle pêche

→ **Relie les points de la masse la plus légère à la plus lourde
pour découvrir l'étrange prise des pêcheurs.**

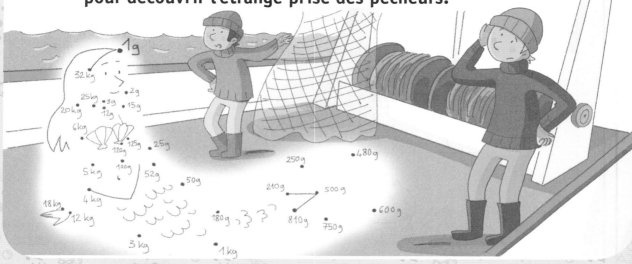

137 À la criée !

→ **Entoure l'objet qui a la plus grande masse sur chaque balance.**

L'accord sujet-verbe

mémo

Le verbe **s'accorde** avec son sujet :

- si le sujet est singulier, le verbe est au singulier : *La mer monte*.

- si le sujet est au pluriel, le verbe est au pluriel : *Les vagues passent par-dessus le quai.*

138 **Marée haute**

→ **Complète les phrases en te servant des verbes dans les nuages.**

Le gardien du phare...........................la mer.

Les vagues ....les bateaux au large.

Des voiliers...................du port.

Les mouettes......................autour d'un bateau.

Un dauphin................la tête de l'eau.

TOURNENT   SORT   SORTENT   SURVEILLE   SECOUENT

139 **Intrus**

→ **Barre le verbe intrus dans chaque phrase.**

L'hiver, l'île Kéros est/sont un refuge pour les oiseaux.

Un chalutier remontent/remonte son filet rempli de poissons.

Les poissons emprisonnés dans les mailles se débat/se débattent.

La frise historique

mémo

Une **frise historique** permet de ranger les évènements de l'Histoire du plus ancien au plus récent.

Elle ressemble très souvent à une flèche :

Préhistoire *Années avant J.-C.*	Antiquité	Moyen Âge

140 ## Qui veut voyager loin ménage sa monture

→ **Replace sur la frise les numéros des différents modes de transport au cours du temps.**

PRÉHISTOIRE	ANTIQUITÉ	MOYEN ÂGE	RENAISSANCE	17e-18e siècles	19e siècle	20e siècle

①   ②   ③   ④   ⑤   ⑥   ⑦

141 ## En avant la musique !

→ **Remplace les dessins par le bon mot.**

La flûte est un des plus anciens instruments de .... 🎵 .

À la Préhistoire, on fabriquait des flûtes en .... 🦴 percées de trous ou non.

Au Moyen Âge, on utilisait le ....

À partir de cette période, la flûte traversière s'est développée.

Le .... la tient horizontalement.

La flûte a connu de nombreux changements.
Aujourd'hui, elle est en métal et comporte de nombreuses ....

L'ordre alphabétique

L'alphabet comporte 26 lettres pour écrire tous les mots. Elles sont toujours rangées dans le même ordre : c'est l'ordre alphabétique.

a b c d e f g h i j k l m n o p q r s t u v w x y z

142 **Au gré des vents**

➜ **Relie les points dans l'ordre alphabétique pour faire apparaître ce que tient Jules.**

3'5.19.20   12.5   16.12.21.19

_'_ _ _ _   _ _   _ _ _ _

2.5.1.21   16.15.9.19.19.15.14

_ _ _ _   _ _ _ _ _ _ _

22.15.12.1.14.20   4.5   12.1

_ _ _ _ _ _   _ _   _ _

16.12.1.7.5 !

_ _ _ _ _ !

143 **Top secret**

➜ **Retrouve le message en associant la lettre à sa place dans l'alphabet.**

Les distances

mémo

Les distances ou **longueurs** se mesurent en **kilomètres** (km) ou en **mètres** (m).

1 km = 1 000 m

Par exemple : la distance entre Paris et Strasbourg est de 488 km.

144 ## C'est le départ !

→ **Retrouve le billet de chaque famille et entoure en vert la valise de ceux qui partent le plus loin.**

A

BILLET

CHARTRES-TOULOUSE
538 km

B

BILLET

LIMOGES-MULHOUSE
509 km

C

BILLET

NICE-PERPIGNAN
372 km

D

BILLET

LILLE-DEAUVILLE
256 KM

Le dictionnaire

mémo

Dans le **dictionnaire**, les **mots** sont **rangés** en respectant l'**ordre alphabétique** à partir de la première lettre. Si les mots commencent par la même lettre, il suffit de regarder la deuxième.

CARAVANE
CERCEAU
CHAPITEAU
CIRQUE
CLOWN

145 **Place au spectacle !**

➡ **Colorie chaque case selon sa place dans le dictionnaire.**

■ : avant D ■ : après R ■ : entre L et Q ■ : entre E et K

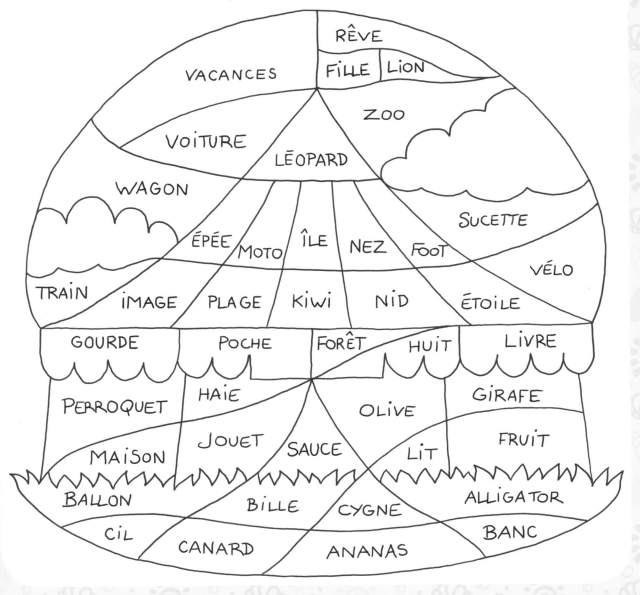

Les contraires

mémo Deux mots qui ont des **sens opposés** sont des **contraires**.
jour / nuit   jeune / vieux

146 Inséparables

→ **Colorie les paires de contraires de la même couleur.**

FACILE   PEU   SORTIR   GAI   ÉTEINT   DIFFICILE

ALLUMÉ   TRISTE   VRAI   FAUX   RENTRER   BEAUCOUP

147 Les opposés s'attirent

→ **Écris le contraire de chaque mot à la bonne place.**

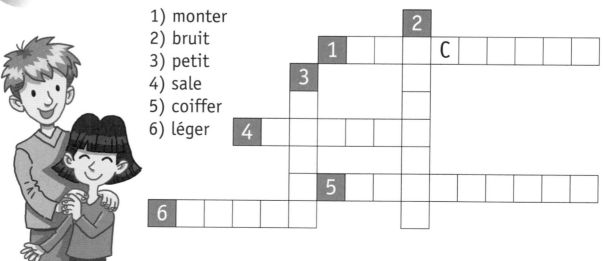

1) monter
2) bruit
3) petit
4) sale
5) coiffer
6) léger

Les longueurs

> **mémo**
>
> Les **longueurs** se mesurent en **mètres** (m) ou en **centimètres** (cm).
>
> **1 m = 100 cm**
>
> On utilise le centimètre pour mesurer les petits objets : épingle, double centimètre.
>
> On utilise le mètre pour les plus grandes longueurs : une voiture.

148 **Visite médicale**

→ **Classe les enfants de la colonie du plus petit au plus grand.**

◯ Paul : 60 cm   ◯ Coralie : 75 cm

◯ Eva : 1 m   ◯ David : 90 cm

◯ Erwan : 1 m 30 cm

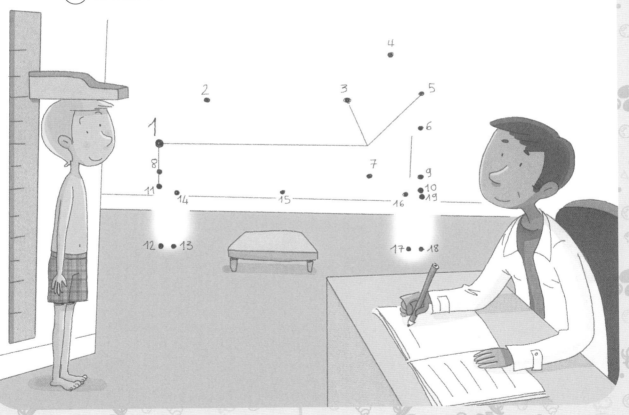

149 **Fais « Aaaah »**

→ **Relie les points dans l'ordre croissant et colorie l'objet qui manque au Docteur Khanda.**

La sécurité routière

mémo

En tant que piéton, passager ou futur conducteur, tu dois **respecter le code de la route.**

Sur le trottoir, à vélo, en rollers, en trottinette, en traversant la rue ou dans une voiture, **tu dois être prudent.**

150 ## Sois prudente !

→ **Trace l'itinéraire que doit suivre Leïla pour rejoindre ses amies en évitant les personnes qui ont des comportements imprudents.**

L'heure et les minutes

mémo

La **petite aiguille** indique les **heures** que l'on compte de 1 en 1 (h = heure).

La **grande aiguille** indique les **minutes** que l'on compte de 5 en 5 (min = minute).

1 heure = 60 minutes.

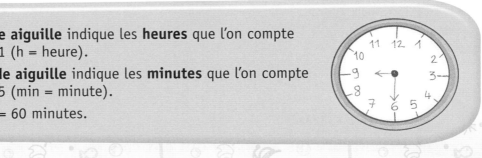

151 Une belle balade

→ **Remets les images dans l'ordre en les numérotant de 1 à 4.**

A

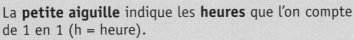

Bonjour Tatie,

Je passe de très bonnes vacances à la montagne.
Hier matin, je me suis réveillé à 7h00 pour partir en randonnée.

J'ai vite mangé et j'ai retrouvé mon groupe à 7h30.
Le soleil se levait !

Nous avons marché longtemps.
À 10h, nous avons fait une pause près d'une cascade.
Puis nous sommes repartis.

Quelle belle vue au sommet !
J'ai adoré pique-niquer à 11h30 en regardant la vallée.
Après une petite halte, nous sommes redescendus pour aller nous baigner dans le lac.
A bientôt !
Bisous.

Timothée

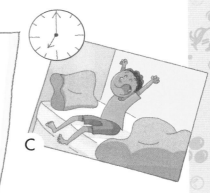

C

B

D

152 Tic-tac...

→ **Colorie dans chaque image l'aiguille des heures en rouge et celle des minutes en bleu.**

At the zoo (Au zoo)

mémo

Un des plus vieux zoos du monde se trouve à **Londres**, la capitale de l'Angleterre. C'est le **London Zoo**. Il a ouvert en 1828 et est toujours très apprécié des Anglais.

153 Disparition

→ Entoure les animaux qui ont changé d'enclos.

154 Au rapport

→ Compte et écris le nombre de :

monkeys : ………   parrots : ………   lions : ………

Les synonymes

mémo

Des mots qui ont le **même sens** sont **synonymes**.
adorable/gentil – manger/déguster – ancien/vieux

155 **Ne pas déranger...**

→ **Colorie de la bonne couleur les synonymes des mots pour découvrir qui sont les occupants de cet enclos.**

■ : MANGER   ■ : CALME   ■ : LAID   ■ : CONTENT

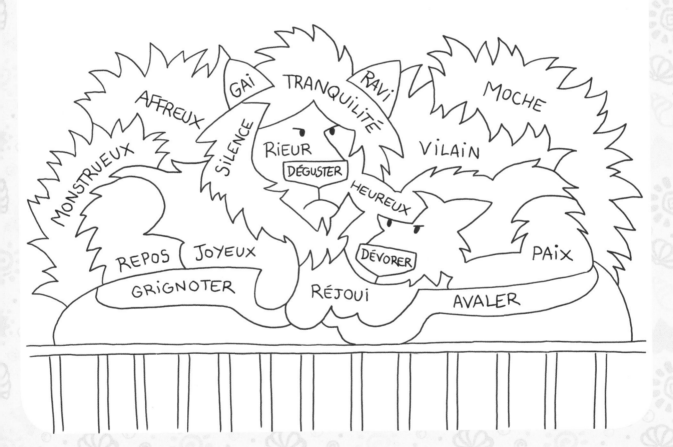

156 **Intrus**

→ **Barre l'intrus dans chaque liste.**

enfant – gamin – garnement – pirate
casser – réparer – démolir – briser
drôle – effrayant – joyeux – comique

Le calendrier

mémo

Une **année** se découpe en **mois** et en **jours**.

Il y a 30 ou 31 jours dans un mois. Sauf pour le mois de février qui en a 28 ou 29.

Les mois sont rangés dans un ordre précis et sont numérotés de 1 à 12.

janvier	février	mars	avril	mai	juin	juillet	août	septembre	octobre	novembre	décembre
1	2	3	4	5	6	7	8	9	10	11	12

 157 ## Départ en vacances

→ **Entoure la pièce du puzzle qui manque et écris la date de départ en vacances de Paul.**

Départ en vacances : ....

JUILLET	
MER 01	
JEU 02	
VEN 03	
SAM 04	
DIM 05	
LUN 06	
MAR 07	
MER 08	

SAM 04	
DIM 05	
LUN 06	
MAR 07	

1

JEU 16	
VEN 17	
SAM 18	
DIM 19	
LUN 20	Départ en vacances
MAR 21	
MER 22	
JEU 23	

2

JEU 09	
VEN 10	Départ en vacances
SAM 11	
DIM 12	
LUN 13	
MAR 14	
MER 15	
JEU 16	

3

VEN 17	
SAM 18	
DIM 19	
LUN 20	
MAR 21	
MER 22	
JEU 23	
VEN 24	
SAM 25	Retour de vacances
DIM 26	
LUN 27	
MAR 28	
MER 29	
JEU 30	
VEN 31	

 158 ## Que de chiffres !

→ **Colorie chaque date et son abréviation de la même couleur.**

30 juin 2015

1er avril 2017

1/4/17

3/5/16

15 août 2015

3 mai 2016

30/06/15

15/8/15

Pour mesurer le temps

mémo

Ce que nous faisons peut être rapide ou durer plus longtemps.

Les hommes ont découpé le temps en durées plus ou moins longues : **secondes, minutes, heures, jours, semaines, mois, trimestres, années...**

Ils ont inventé des instruments adaptés à chacune des mesures.

159 ## Top chrono

→ **Retrouve les mots de la liste le plus vite possible sur l'écran de Zélie. Avec les lettres restantes, tu découvriras le nom d'un très vieil instrument de mesure du temps.**

CHRONOMÈTRE
PENDULE
CALENDRIER
MONTRE
SABLIER
FRISE
MINUTEUR
CADRAN SOLAIRE
COUCOU

CL.....................

C	A	D	R	A	N	S	O	L	A	I	R	E
O	P	E	N	D	U	L	E	C	L	E	F	R
U	P	C	A	L	E	N	D	R	I	E	R	T
C	S	Y	M	I	N	U	T	E	U	R	I	N
O	D	S	A	B	L	I	E	R	R	E	S	O
U	C	H	R	O	N	O	M	E	T	R	E	M

160 ## Chasse à la durée

→ **Barre tous les mots qui n'indiquent pas une durée dans la liste de Robin.**

SECONDE   JOUR   HEURE
KILOGRAMME   SIÈCLE   LITRE
ANNÉE   CENTIMÈTRE   TRIMESTRE

Se déplacer sur un quadrillage

mémo

Pour **se déplacer** sur un quadrillage, on doit **suivre le sens des flèches**.

↑ vers le haut   ↓ vers le bas   → à droite   ← à gauche

Pour vérifier son déplacement, il faut compter le nombre de cases par segment et suivre les directions du modèle.

161

Un pas après l'autre

➔ **Trace le chemin que devront parcourir Sébastien et Chloé pour aller sur les trampolines.**

→→↑↑↑→→↓→↓↓→

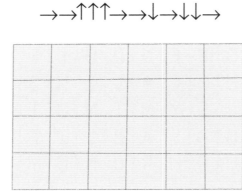

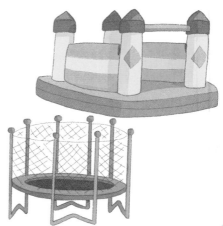

162

Pareils ou pas ?

➔ **Entoure les 7 erreurs dans le dessin du quadrillage de droite.**

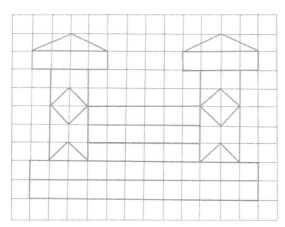

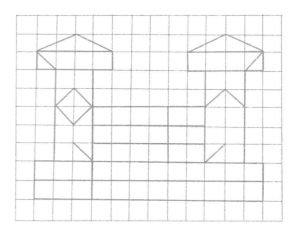

Les familles de mots

mémo — Les mots de la **même famille** ont une partie commune et parlent de la même chose.
Ex. : **dent** – **dent**iste – **dent**ition.

163 **Cache-cache**

➜ **Retrouve tous les mots cachés dans le dessin et colorie les étiquettes d'une couleur par famille.**

164 **Un de trop**

➜ **Barre l'intrus de chaque liste.**

long – longueur – longtemps – allongé – loin

jardin – jaune – jardinage – jardinière – jardiner

jour – journal – jouer – journalier – bonjour

grand Jeu

Trop beau !

Relie les points dans l'ordre et tu découvriras le cerf-volant de Loïc.

Lunettes perdues

Retrouve les lunettes de soleil de Naïa dans la double-page.

Beau travail !

Colorie de la même manière les pâtés identiques.

de la plage

Ouistiti !

Retrouve les 7 différences sur la photo.

À refaire !

Dessine la partie manquante du château de sable de Louisy en t'aidant des pièces de puzzle.

La ville et la campagne

mémo

Le **paysage** est **différent** selon que l'on est en **ville** ou à la **campagne**. Il y a plus de population en ville qu'à la campagne et les habitants ne vivent pas de la même manière.

165 Drôles de visiteurs

→ Entoure les 6 intrus dans le paysage de la ville.

Maths

Repérage sur un quadrillage

mémo

Dans un **quadrillage**, on a soit :
- des **nœuds** au croisement de 2 lignes
- des **cases** qui correspondent au croisement de deux bandes.

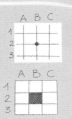

166 ### Bataille navale

→ **Indique à Yaël l'endroit où sont placés les « bateaux » de son adversaire.**

coque (5, A)
galet (,)
algue (,)
moule (,)
couteau (,)
bigorneau (,)

167 ### À toi de jouer

→ **Reproduis le château fort sur le second quadrillage.**

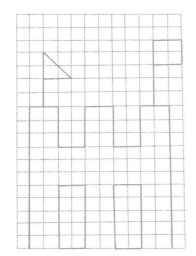
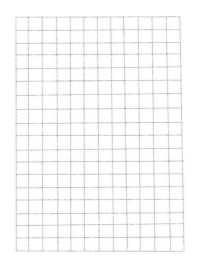

Des mots qui se ressemblent

mémo

Certains mots **se prononcent** de la **même manière**, mais ils n'ont **pas le même sens** et ne s'écrivent pas de la même façon.

 cygne

 signe

168 Copieuse !

➜ **Entoure de la même couleur tous les dessins représentant des mots qui se prononcent de la même façon.**

169 À la pêche aux mots

➜ **Entoure tous les mots de la liste dans la grille.**

champ chant mère maire mer tante tente saut seau sot

S	O	T	R	E	M
C	H	A	M	P	A
C	S	N	E	S	I
H	E	T	R	A	R
A	A	E	E	U	E
N	U	T	B	T	H
T	T	E	N	T	E

Les polygones

mémo

Un **polygone** est une **figure plane fermée**, et dont les côtés sont des segments.

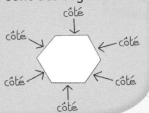

On les classe suivant leur nombre de côtés.

170 Art moderne

→ Colorie de la même couleur les polygones qui ont le même nombre de côtés.

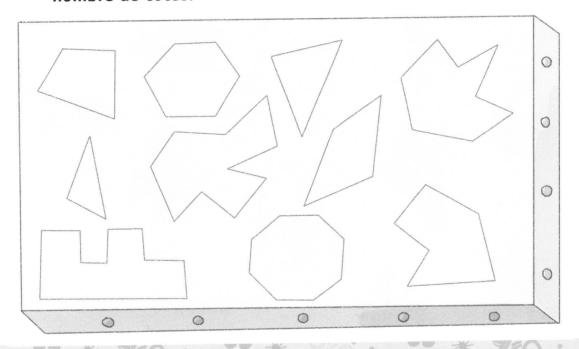

171 Décorations

→ Entoure l'intrus dans la décoration de chaque enveloppe.

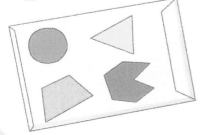
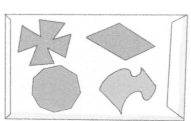

Le sens des mots

mémo

Chaque **mot** a un **sens** que l'on peut trouver dans le **dictionnaire**.

Détective : n, m, personne qui fait des enquêtes policières pour un client.

Un **mot** peut avoir **plusieurs sens**.

bouton

172 Sens dessus dessous

→ **Relie les dessins aux bons mots.**

feu

coque

glace

carte

feuille

173 Devinette

→ **Qui suis-je ?**

Je suis l'ennemie du chat et la copine de l'ordinateur.

....

Le carré

Le **carré** est un **polygone** avec 4 côtés égaux et 4 angles droits.
Il fait partie de la famille des **quadrilatères**.

174 Sous le vent

➜ **Entoure la bonne ombre de la voile.**

1   2   3   4

175 En piles

➜ **Range les serviettes dans l'ordre croissant dans l'armoire pour aider Annaïck.**

5 cm — 1
12 cm — 2
15 cm — 4
2 cm — 3

Les jours fériés

mémo

Dans l'année, les fêtes célèbrent des évènements historiques ou religieux. Elles sont différentes selon les pays.

Pour **certaines fêtes**, on ne travaille pas : ce sont des **jours fériés**.

176 Au travail ?

→ **Indique la date des fêtes du mois de mai sur la liste de Rémi. Entoure en rouge celle qui n'est pas un jour férié.**

La fête du travail : ....

Le lundi de Pentecôte : ....

La fin de la guerre en 1945 : ....

La fête des mères : ....

L'Ascension : ....

La Pentecôte : ....

1	Fête du travail	16	St Honoré
2	St Boris	17	St Pascal
3	St Philippe	18	St Éric
4	St Sylvain	19	Pentecôte
5	Ste Judith	20	Lundi de Pentecôte
6	Ste Prudence	21	St Constantin
7	Ste Gisèle	22	St Émile
8	Victoire 1945	23	St Didier
9	St Pacôme	24	St Donatien
10	Ste Solange	25	Fête des mères
11	Ste Estelle	26	St Bérenger
12	St Achille	27	St Augustin
13	Ste Rolande	28	St Germain
14	St Matthias	29	Ascension
15	Ste Denise	30	St Ferdinand
~ MAI ~		31	Ste Marie-Lise

177 Tous unis

→ **Résous cette énigme pour savoir quel est le seul jour férié commun à presque tous les pays.**

Je suis un jour dans l'année.

Je suis le début d'un mois et d'une année

Je suis en deux mots.

Je suis ....

La route du temps

mémo

La route du temps est partagée en trois. Le verbe change selon le temps choisi pour indiquer :

AVANT	PENDANT	APRÈS
Le **passé** *(ce qui s'est passé)*	Le **présent** *(ce qui se passe)*	Le **futur** *(ce qui se passera)*
Autrefois, on ne **partait** pas en vacances. *(imparfait)* L'été dernier, nous **sommes partis** à la mer. *(passé composé)*	Ce matin, nous **partons** à la montagne. *(présent)*	L'année prochaine, nous **partirons** au Portugal. *(futur simple)*

178 Le premier jour des vacances

→ **Replace chaque vignette dans l'ordre sur la route du temps.**

2 PAPA A INSTALLÉ LES BAGAGES DANS LE COFFRE

1 PAPA VIDERA LE COFFRE

3 JE RANGERAI MES AFFAIRES DANS L'ARMOIRE DE MA CHAMBRE

4 AIX-EN-PROVENCE — CE SOIR, NOUS ARRIVERONS À AIX-EN-PROVENCE

5 NOUS AVONS FAIT LES VALISES

6 NOUS SOMMES SUR L'AUTOROUTE

AVANT ⟶ ▷ ⟶ ▷ APRÈS

179 Les petits mots voyagent aussi

Colorie en vert les valises qui portent un mot indiquant le passé, en rose le présent et en bleu le futur.

 AUJOURD'HUI
 BIENTÔT
 HIER
 DEMAIN
 MAINTENANT
 AUTREFOIS

Le rectangle

mémo

Le **rectangle** est un **polygone** avec 4 côtés
et 4 angles droits. Ses deux longueurs sont égales
et ses deux largeurs aussi. Il fait partie de la famille
des quadrilatères.

180 À vos pioches

➜ **Complète le pavage avec les bons rectangles pour terminer
la terrasse et colorie les dalles.**

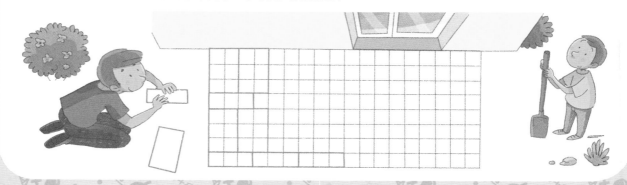

181 Qui veut des gaufres ?

➜ **Aide les enfants à trouver la route vers la cabane à gaufres
en suivant les rectangles.**

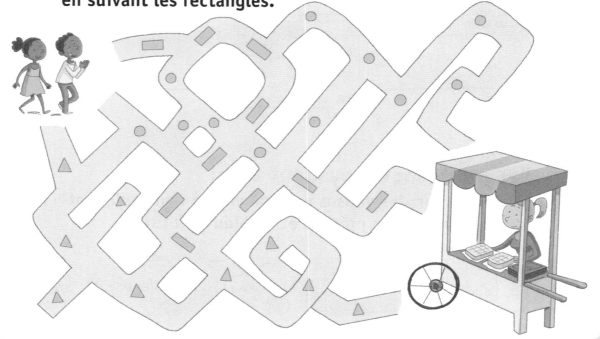

L'infinitif du verbe

mémo

Les verbes sont écrits à **l'infinitif** dans le dictionnaire : ils ne sont **pas conjugués**.

Antoine va à la plage. C'est le verbe aller. *« Aller » est* l'infinitif *du verbe.*

182 **En pleine action !**

→ **Relie chaque photo à ce que chaque enfant est en train de faire.**

① ② ③

| nager | lancer | construire | lire | bronzer | écouter |

④ ⑤ ⑥

183 **Les intrus**

→ **Barre l'intrus dans chaque liste.**

aller, faire, grandir, regarde, répéter

viens, mange, sors, partez, venir

Les pronoms personnels sujets

mémo

Les **pronoms personnels** sont les **sujets** du **verbe** dans la conjugaison.
Ils sont **singuliers** : *je, tu, il, elle* ou **pluriels** *nous, vous, ils, elles.*
Je suis dans l'équipe des écureuils.

184 On a faim !

→ **Écris dans chaque bulle le numéro correspondant
à la bonne phrase.**

1- Est-ce que tu sais faire du feu ?
2- Oui, je sais en faire.
3- Nous allons chercher du bois.
4- Vous n'oubliez pas de prendre des brindilles bien sèches.
5- Où est Claire ?
6- Elle est dans la tente.

185 En couleurs

→ **Colorie en bleu le pronom personnel dans la phrase,
quand il y en a un.**

Les aliments

mémo

Nos **aliments** proviennent des animaux ou des plantes. Ils peuvent être mangés crus, cuits ou transformés. Ils sont **classés en 7 groupes**.

1) viande, œufs, poisson...
2) produits laitiers
3) matières grasses
4) féculents ; céréales

5) fruits et légumes
6) eau, jus de fruit
7) sucre et produits sucrés.

186 Origine contrôlée

→ **Relie chaque aliment à ce dont il provient.**

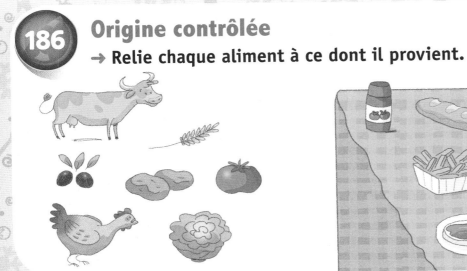

187 Menu équilibré

→ **Aide Thomas à poser les aliments de son menu dans les bonnes cases de son plateau en recopiant les noms dedans.**

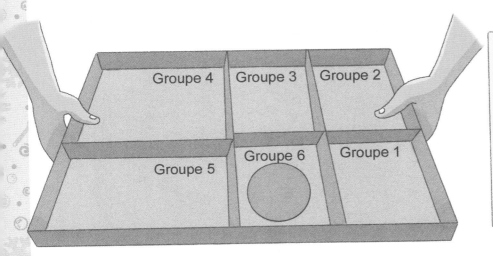

Groupe 4   Groupe 3   Groupe 2
Groupe 5   Groupe 6   Groupe 1

MENU

- salade de tomates avec œuf dur
- poisson avec riz et champignons
- yaourt
- poire
- pain
- boisson : eau

Meals (les repas)

mémo

En Angleterre, il existe quatre repas principaux :
le petit déjeuner (**breakfast**)
le déjeuner (**lunch**)
le goûter (**teatime**)
le dîner (**dinner**)

188 Bon appétit !

→ **Remets dans l'ordre les repas de cette famille anglaise.**

BREAKFAST _ _ _ _ _

LUNCH _ _ _ _ _

TEATIME _ _ _

DINNER _ _ _ _ _

189 Une table bien dressée

→ **Suis le fil pour retrouver le nom de chaque objet en anglais.**

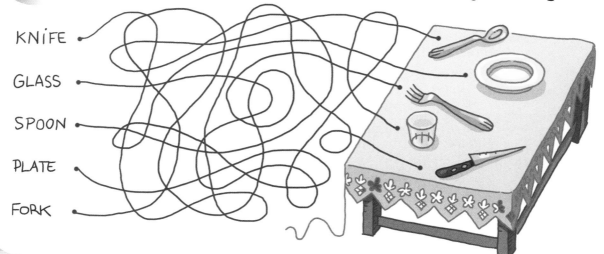

KNIFE

GLASS

SPOON

PLATE

FORK

Le présent des verbes comme « parler »

mémo

Au présent, les verbes comme « parler » changent de terminaisons selon le pronom personnel sujet.

SINGULIER	PLURIEL
Je parle	Nous parlons
Tu parles	Vous parlez
Il, Elle parle	Ils, Elles parlent

190 Tous aux vendanges

→ **Conjugue chaque verbe entre parenthèses au présent et écris-le dans la grille.**

1) *(couper)* Nous .... les grappes avec un sécateur.
2) *(poser)* Je .... la grappe dans le seau.
3) *(jeter)* Tu .... les grains pourris.
4) *(laver)* Vous .... les grappes sur un grand tapis roulant.
5) *(manger)* Elles .... du raisin en cachette.
6) *(presser)* Il .... le jus dans un pressoir.

Le triangle

mémo   Le **triangle** est un polygone avec **3 côtés**.

191 Fragile

→ **Entoure tous les triangles utilisés pour cette construction et écris le total dans la case.**

Nombre de triangles ☐

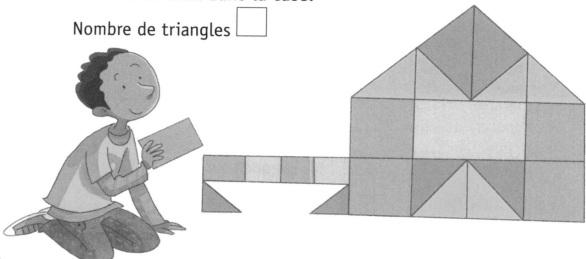

192 Attention aux pointes

→ **Reproduis les triangles sur le quadrillage de droite.**

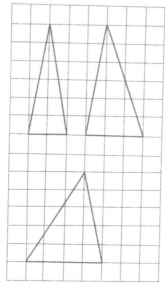

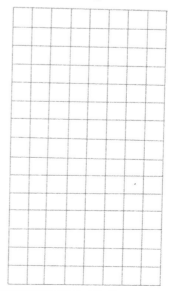

Le présent du verbe « être »

mémo

Au présent, le verbe « être » change de terminaisons selon le pronom personnel sujet. Le verbe « être » au présent change avec chaque pronom personnel.

SINGULIER	PLURIEL
Je suis	Nous sommes
Tu es	Vous êtes
Il, Elle est	Ils, Elles sont

193 **Ça va commencer !**

→ **Complète chaque phrase à l'aide du bon pronom personnel.**

La Convention des droits de l'enfant

mémo

Dans de nombreux pays, les enfants sont obligés de travailler ou ne peuvent pas être nourris ou soignés correctement.

Pour lutter contre ces situations, de nombreux pays ont signé la **Convention des droits de l'enfant en 1989**, un texte qui énumère les droits des enfants du monde entier.

194 Chapeau l'artiste !

→ **Entoure les 7 erreurs dans le mur du dessous.**

La Préhistoire

mémo

La Préhistoire correspond au début de la présence des hommes sur la Terre.

Ils habitaient dans des grottes. Pour se nourrir, ils chassaient, pêchaient et cueillaient des baies sauvages. Avec la peau des animaux, ils se faisaient des vêtements et avec les os, ils fabriquaient des outils et des bijoux.
On a retrouvé des peintures murales de cette période dans des grottes.

195 Au temps des cavernes

→ **Entoure les 7 anomalies dans la grotte préhistorique.**

196 Peintures rupestres

→ **Remplace les symboles par les lettres correspondantes dans l'alphabet et écris le nom de ces animaux préhistoriques.**

L'angle droit

mémo

Quand deux segments se coupent, ils forment un **angle**.

Si les côtés de l'**équerre** se superposent, il s'agit d'un **angle droit**.

Attention, ce ne sont pas des angles droits.

197 Bravo !

→ **Suis le fil et retrouve le nom des enfants qui ont réussi à reproduire des angles droits.**

Armand

Marie

Ibrahim

Romane

Alix

198 Ombres chinoises

→ **Entoure toutes les ombres de la paire de ciseaux qui font bien un angle droit.**

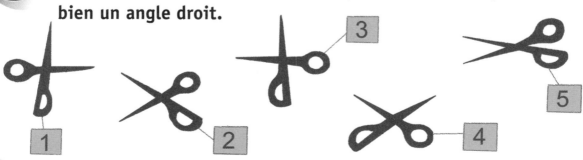

1

2

3

4

5

Le présent du verbe « avoir »

mémo

Au **présent**, le verbe « **avoir** » change de terminaisons selon le pronom personnel sujet. Le verbe « avoir » au présent change avec chaque pronom personnel.

SINGULIER	PLURIEL
J'ai	Nous avons
Tu as	Vous avez
Il, Elle a	Ils, Elles ont

199 C'est chouette la fête foraine !

→ Complète chaque phrase à l'aide du bon pronom personnel.

ILS   ELLE   VOUS
NOUS
TU
J'

TARIF DES JEUX

...... ONT PEUR DE MONTER DANS LA GRANDE ROUE

...... AVONS ENVIE D'UNE BARBE À PAPA

...... AS LE TICKET GAGNANT LE GROS LOT

...... AI 10 POINTS SUR LA CIBLE

...... A UN TOUR DE MANÈGE GRATUIT

...... AVEZ UN CANARD JAUNE AU BOUT DE VOTRE CANNE À PÊCHE

BARBE À PAPA

PAN PAN

Le présent des verbes « faire » et « dire »

mémo

Au **présent**, ces deux verbes que l'on utilise très souvent changent de terminaisons selon le pronom personnel.

SINGULIER	PLURIEL
Je fais	Nous faisons
Tu fais	Vous **faites**
Il, Elle fait	Ils, Elles font

SINGULIER	PLURIEL
Je dis	Nous disons
Tu dis	Vous **dites**
Il, Elle dit	Ils, Elles disent

Attention : j'entends [fə] et j'écris <u>fai</u> dans « nous faisons ».

200 Marée montante

→ **Croise la conjugaison au présent des verbes « faire » et « dire » dans la grille en te servant des phrases à trous.**

1) *(faire)* Nous .... un barrage pour retenir la mer.
2) *(faire)* Vous .... des tours avec des galets.
3) *(faire)* Ils .... un mur épais.
4) *(dire)* Tu .... que la mer va tout détruire.
5) *(dire)* Elles .... qu'il faut ajouter des tours.
6) *(dire)* Vous .... que vous voulez nous aider.
7) *(faire)* Il .... une décoration avec des coquillages.

Le triangle rectangle

mémo Le **triangle rectangle** est un polygone avec 3 côtés et un **angle droit**.

201 **Fleurs de papier**

→ Colorie, pour chaque fleur, en vert les triangles rectangles, en bleu les cercles, en violet les carrés et en rouge les triangles quelconques.

202 **Origami**

→ Colorie en gris les parties de la cocotte qui ont la forme d'un triangle rectangle.

Le présent des verbes « aller » et « venir »

mémo

Au **présent**, ces deux verbes que l'on utilise très souvent changent de terminaisons selon le pronom personnel sujet.

SINGULIER	PLURIEL	SINGULIER	PLURIEL
Je vais	Nous allons	Je viens	Nous venons
Tu vas	Vous allez	Tu viens	Vous venez
Il, Elle va	Ils, Elles vont	Il, Elle vient	Ils, Elles viennent

203 Au poney club

Colorie de la même manière la bulle qui pose la question et celle qui y répond.

1. OÙ VAS-TU ?
2. OÙ ALLEZ-VOUS ?
3. QUI VIENT AVEC NOUS BROSSER LES PONEYS ?
4. D'OÙ VENEZ-VOUS ?

A. NOUS VENONS DU PONEY CLUB.
B. ILS VIENNENT AVEC VOUS.
C. JE VAIS À L'ÉCURIE.
D. NOUS ALLONS DANS LE MANÈGE.

204 Encore des bugs !

→ **Complète le texte d'Eva avec le verbe « aller » ou le verbe « venir » au présent pour que Lina comprenne son sms.**

Il .... faire trop chaud aujourd'hui pour aller au poney club. Tu .... avec moi à la piscine ? Si tu es d'accord, je .... te chercher à bicyclette à 3 heures.

Le poney

mémo

Un **poney** est un **cheval de petite taille** qui a une crinière épaisse. Ce n'est pas un bébé : il reste petit une fois adulte. La femelle a le même nom que le mâle. Le poney hennit.

205 Première leçon

→ **Remets les lettres en ordre pour écrire le nom des différentes parties du poney avant de monter en selle.**

CIRNEEIR - - - - - - - 1

QEEUU - - - - - 2

PECROU - - - - - - 3

CNALF - - - - - 4

AOBST - - - - - 5

206 Régime de champion

→ **Trace le chemin que le poney doit prendre pour sortir du manège en se nourrissant de ce qui est bon pour lui.**

L'imparfait des verbes comme « parler »

mémo

À l'**imparfait**, les verbes comme « parler » changent de terminaisons selon le pronom personnel sujet.

SINGULIER	PLURIEL
Je parlais	Nous parlions
Tu parlais	Vous parliez
Il, Elle parlait	Ils, Elles parlaient

207 Visite guidée

Le guide a raconté la vie au château au temps des riches et nobles propriétaires des lieux, et Lili et Kylian s'imaginent être avec eux.

→ **Conjugue chaque verbe entre parenthèses à l'imparfait et écris-le dans la grille.**

1) *(monter)* Nous .... à cheval chaque jour.
2) *(porter)* Elle .... une perruque.
3) *(jouer)* Tu .... de la harpe.
4) *(passer)* Il .... beaucoup de temps à la chasse.
5) *(danser)* Vous .... à toutes les fêtes.
6) *(entrer)* Ils .... au château par la cour d'honneur.

Le château fort

mémo

Au **Moyen Âge**, il y a environ 800 ans, beaucoup de châteaux forts ont été construits dans les campagnes. C'étaient des **forteresses** qui servaient à se défendre contre des envahisseurs. À l'intérieur, elles ressemblaient à de **gros villages**. Le **seigneur** et sa famille vivaient dans le **donjon**.

208 Baissez le pont-levis !

→ **Barre les 9 mots du dessin dans la grille. Avec les lettres restantes, tu découvriras le nom que l'on donne à cette époque aux paysans qui travaillent pour le seigneur.**

CRÉNEAUX
DONJON
DOUVES
FOSSÉS
MURAILLES
PONT-LEVIS
SEIGNEUR
TOURS
VILLAGE

S	D	D	O	N	J	O	N	E
P	O	N	T	L	E	V	I	S
X	U	A	E	N	E	R	C	T
R	V	F	O	S	S	E	S	O
F	E	G	A	L	L	I	V	U
S	S	E	I	G	N	E	U	R
M	U	R	A	I	L	L	E	S

Ce sont les _ _ _ _ _ .

VILLAGE
FOSSÉS
DONJON
TOURS
PONT-LEVIS
SEIGNEUR
DOUVES
MURAILLES

Maths

Reconnaître les solides

mémo

Un **solide** est un **volume**. C'est un assemblage de figures.

Si je déplie le solide, je trouve son « patron ». Exemple : un cube et son patron.

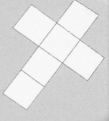

209 À petits points

→ **Relie chaque solide à son patron sur la table de la couturière.**

210 Tissu imprimé

→ **Colorie les solides suivant le code couleur pour faire apparaître les motifs du tissu.**

cube : ■ pavé : ■ pyramide : ■ cône : ■

L'imparfait du verbe « avoir »

À l'**imparfait**, le verbe « avoir » change de terminaisons selon le pronom personnel sujet.

SINGULIER	PLURIEL
J'avais	Nous avions
Tu avais	Vous aviez
Il, Elle avait	Ils, Elles avaient

211 Sur la falaise

Complète les phrases à l'aide des pronoms personnels placés dans l'image.

1) .... aviez des chaussons adaptés.
2) .... avaient un bon équipement.
3) .... avais le vertige.
4) .... avions envie d'arriver en haut.
5) .... avait un beau baudrier.

212 Devinette

Je suis une forme conjuguée à l'imparfait du verbe « avoir ».

« J' » est le pronom personnel sujet qui m'accompagne.

Je suis : ....

Les dangers domestiques

mémo

Il faut bien **faire attention** dans la maison et dans le jardin. On peut avoir un accident.

On peut se brûler, s'intoxiquer, faire une chute, se couper, s'électrocuter...

Il y a des choses à ne pas toucher et des pièges à éviter.

213 Attention danger !

→ **Entoure dans l'image toutes les situations dangereuses.**

La symétrie

mémo Un dessin est **symétrique** si, en le pliant, les deux parties **se superposent** exactement l'une sur l'autre.

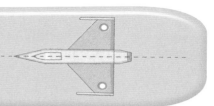

214 ## Mon beau miroir !

→ **Barre les intrus dans les miroirs.**

①

②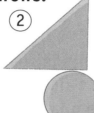

③

④

215 ## Mosaïque

→ **Trace le symétrique de la mosaïque et colorie-la.**

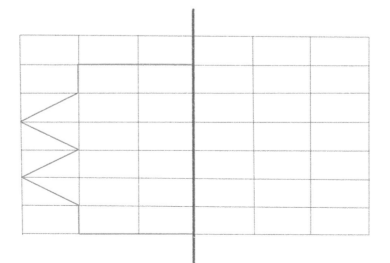

L'imparfait du verbe « être »

À l'**imparfait**, le verbe « être » change de terminaisons selon le pronom personnel sujet.

SINGULIER	PLURIEL
J'étais	Nous étions
Tu étais	Vous étiez
Il, Elle était	Ils, Elles étaient

216 Du poisson bien frais

→ **Entoure les conjugaisons du verbe « être » à l'imparfait dans la grille en t'aidant des phrases. Avec les lettres restantes, tu découvriras le nom des bateaux qui ramènent le poisson.**

J'étais assis sur le quai pour regarder les bateaux arriver.
Tu étais à côté de moi.
Nous étions impatients de voir les poissons pêchés.
Vous étiez devant un casier rempli de crabes.
Ils étaient debout sur le pont du bateau.
Elle était prête à prendre des photos.

E	E	D	E	S	E
E	T	A	I	S	T
T	A	A	C	H	I
A	I	A	I	L	E
I	E	U	T	T	Z
S	N	I	E	R	S
E	T	I	O	N	S

Ce sont ....

Les paysages côtiers

mémo

Les **paysages côtiers** représentent l'espace au **bord des mers**. Les paysages et les activités sont liés à la mer : sports nautiques, pêche, transport maritime, etc.

217 Vacances à la mer

→ **Relie chaque photo à ce qu'elle représente.**

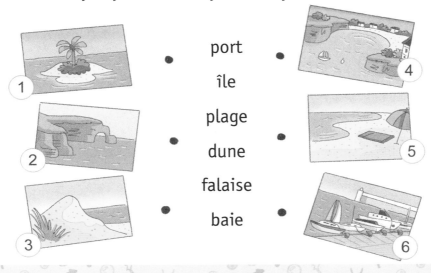

1

2

3

port

île

plage

dune

falaise

baie

4

5

6

218 Bon vent !

→ **Croise les différents types de bateaux que l'on peut voir en bord de mer.**

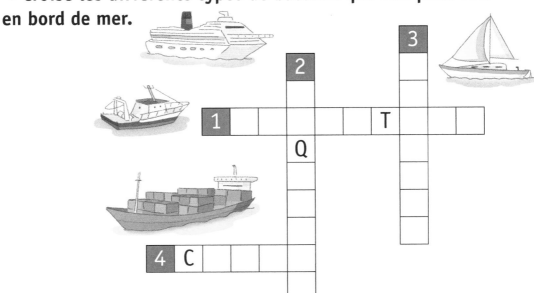

3

2

1   T

Q

4 C

Unique

Trouve le poisson qui ne ressemble à aucun autre.

Un ange des mers passe...

Relie les points dans l'ordre pour découvrir qui semble voler sous l'eau.

L'AQUARIUM

Puzzle

Retrouve les deux pièces qui ne font pas partie de l'illustration.

Petit farceur

Écris le nom des poissons en remplaçant chaque lettre
par celle qui la suit dans l'alphabet.

QDPTHM
_ _ _ _ _ _

QZHD
_ _ _ _

SGNM
_ _ _ _

Solutions

1 *Maths (p. 8)*

2 *Français (p. 9)*

Il fallait entourer : le sac, la culotte, les cubes, la corde à sauter, la cagoule, le casque, les crevettes et la calculatrice.

3 *Français (p. 9)*

C	A	M	E	R	O	U	N
C	C	A	N	A	D	A	O
C	A	M	B	O	D	G	E
C	O	M	O	R	E	S	N
C	O	R	E	E	G	O	

Les vacanciers s'envolent pour le Congo.

4 *Anglais (p. 10)*

C	E	E	H	J	I	U	S	A
A	E	N	G	L	A	N	D	W
N	P	A	Q	G	I	B	M	O
A	U	S	T	R	A	L	I	A
D	O	G	U	Y	A	A	W	Y
A	I	I	R	E	L	A	N	D

5 *Anglais (p. 10)*

CANADA (EMILY)

IRELAND (PATRICK)

USA (LAUREN)

ENGLAND (ISABEL)

AUSTRALIA (ALEXANDER)

6 *Maths (p. 11)*

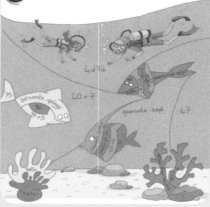

7 *Sciences (p. 12)*

8 *Sciences (p. 12)*

PARIS nuageux

NICE ensoleillé

BREST pluvieux

STRASBOURG neigeux

9 *Maths (p. 13)*

Le coffre 97 + 3 bijoux.
Le coffre 95 + 5 bijoux.
Le coffre 98 + 2 bijoux.
Le coffre 99 + 1 bijou.
Le coffre 96 + 4 bijoux.

10 *L'espace (p. 14)*

11 *L'espace (p. 14)*

1) Europe
2) Amérique
3) Atlantique
4) Afrique
5) Pôle Sud
6) Pôle Nord

12 *Maths (p. 15)*

13 *Français (p. 16)*

M	A	I	S	O	N	
A	R	D	O	I	S	E
L	A	I	S	S	E	
R	O	S	E			
S	O	U	R	I	S	
M	A	T	E	L	A	S

14 *Français (p. 16)*

Menu en [s] : sirène, sable, asticot, escargot, casserole.
Menu en [z] : rasoir, oiseau, fraise, chaise.

Solutions

15 *Maths (p. 17)*

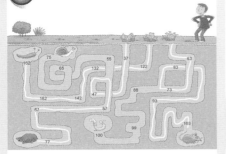

Les coupables sont la taupe, le mulot et la limace.

16 *Maths (p. 17)*

18 – 28 – 38 – ~~83~~ – 58 – 68
205 – 215 – 225 – 235 – ~~145~~ – 255

17 *Français (p. 18)*

Il fallait entourer :
en rouge, avec le son [ʒ] : singe, fromage, cageot, bougie, horloge ;
en vert, avec le son [g] : dragon, grenouille, guitare, bague, guignol ;
en bleu, avec le son [ɲ] : araignée, cygne, guignol.

18 *Maths (p. 19)*

19 *Français (p. 20)*

Dans l'e-mail de Louisa, il fallait compléter les mots suivants :
voyage – soleil – juillet – rayures – sommeille – éventail – feuilles.

20 *Français (p. 20)*

R	E	V	E	I	L	
A	B	E	I	L	L	E
Y	A	O	U	R	**T**	
O	R	E	I	L	L	E	**R**
N	E	**T**	**T**	O	Y	E	**R**

De soleil ou sur la roue d'un vélo : RAYON.

21 *Maths (p. 21)*

22 *Sciences (p. 22)*

L'automne   L'hiver   Le printemps   L'été

23 *Sciences (p. 22)*

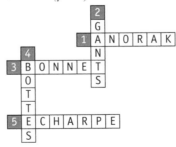

24 *Maths (p. 23)*

Adèle et ses copains ont gagné :
un baladeur (91), des lunettes de soleil (108), des raquettes de badminton (116 et 119) et un ballon (124).

25 *Maths (p. 23)*

Je suis 606.
Je suis 49.
Je suis 200.

26 *Anglais (p. 24)*

A / Good morning!
D / Hello!
B / Good afternoon!
C / Good evening!

27 *Anglais (p. 24)*

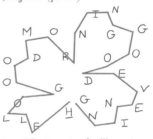

Le trèfle à quatre feuilles est le symbole de l'Irlande.

28 *Maths (p. 25)*

1ᵉʳ lâcher >	2ᵉ lâcher <
60 > 59	39 < 93
95 > 85	67 < 76
201 > 198	137 < 147
532 > 233	213 < 313

29 *Maths (p. 25)*

7 < 19 < 28 < ~~43~~ < 34 < 41
120 > 117 > 106 > 95 > ~~75~~ > 84

30 *Maths (p. 26)*

Solutions

31 — Maths (p. 26)

	168		
	146	22	
115	31	10	12

La statuette porte le numéro 168.

32 — Français (p. 27)

1 - (pha/co/chè/re) : phacochère
2 - (é/lé/phant) : éléphant
3 - (hyè/ne) : hyène
4 - (pan/thè/re) : panthère
5 - (hip/po/po/ta/me) : hippopotame.

Grand jeu des pirates (p. 28-29)

Bientôt à l'eau !

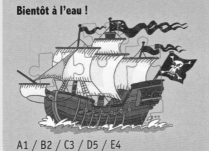

A1 / B2 / C3 / D5 / E4

Le coffre aux trésors

		2		3			4
1	B	R	A	C	E	L	E	T
		A		O			P
		G		L			E
		U		L			E
		E	6	I			
5		P	I	E	C	E	
		I		R			
		S					
		T					
		O					
		L					
		E					
		T					

Sésame, ouvre-toi !
1) A ; 2) E ; 3) B ; 4) D ; 5) C
Morbleu ! C'est une femme !
Elle s'appelle Anne Bony (âne/b'/eau/nid).

33 — Français (p. 30)

[s] avec la lettre t :
1 / 3 / 7 / 8 / 10.
[t] avec la lettre t :
2 / 4 / 5 / 6 / 9.

34 — Français (p. 30)

Je suis l'addition.
Je suis la potion.

35 — Maths (p. 31)

	b		c		
a	cent	soixante	sept		
	quatre		cent		
	vingt		dix		
d	cent	deux	e	neuf	cent	douze

36 — Maths (p. 31)

647	+	259	=	906
+		+		+
82	+	7	=	89
=		=		=
729	+	266	=	995

37 — Maths (p. 32)

38 — Sciences (p. 33)

39 — Sciences (p. 33)

Liberté, Égalité, Fraternité.

40 — Maths (p. 34)

			32				
		16		16			
	8		8		8		
4		4		4		4	
2	2	2	2	2			

41 — Maths (p. 34)

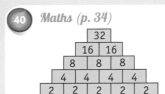

42 — Français (p. 35)

Bulle 3 : j'ai réussi à **S**auter du grand plongeoir**.** Je sais aussi nager sans bouée **Et** dans le grand **bassin.**
Bulle 4 : Super **?** **t**rop fort !

43 — Français (p. 35)

Je mets mon bonnet. Je me douche avant de nager. J'écoute les consignes du maître-nageur.

44 — Français (p. 36)

A-3 Il est l'heure de goûter.
B-1 Veux-tu du jus d'orange ?
C-2 Débarrasse tes couverts !

Solutions

45 Français (p. 36)

(T) As-tu fini ? (A) Mon frère lit la recette.

(T) À table ! (R) Aidez-moi !

(E) Est-ce que je casse les œufs ?

C'est une tarte qui cuit dans le four.

46 Anglais (p. 37)

I'm ok. (1)   I'm sad. (2)
I'm cold. (3)   I'm happy. (4)

47 Anglais (p. 37)

Peter dit : « I'm **ok**. »

48 Sciences (p. 38)

Poubelle jaune : emballage
de sandwich, canette de soda.
Poubelle **marron** : sac poubelle,
peau de banane.
Poubelle **verte** : bouteille en verre.

49 Sciences (p. 38)

50 Français (p. 39)

51 Français (p. 39)

- Je ne joue pas.
(Jeu / nœud / joue / pas)
- Tu es un mauvais joueur.
(Tu / haie / 1 / mauve / haie /
joue / heure)

52 Français (p. 40)

A-F / B-D / C-E

53 Français (p. 40)

Les enfants attendent le signal
du départ.
Le moniteur vérifie le matériel.
Un joli petit chien est bien décidé
à les suivre.

54 L'espace (p. 41)

Dans les hautes montagnes, les
sommets sont toujours recouverts
de neige. Le **torrent** dévale sur
le **versant** de la montagne. On
construit les villes dans la **vallée**.

55 L'espace (p. 41)

~~ski~~	~~snowboard~~
randonnée d'été	canyoning
pêche en rivière	deltaplane
escalade	plongée sous-marine

56 Maths (p. 42)

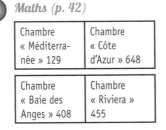

Chambre « Méditerranée » 129	Chambre « Côte d'Azur » 648
Chambre « Baie des Anges » 408	Chambre « Riviera » 455

57 Maths (p. 42)

	48		
	6	8	
2	3	4	2

Le code du garage est : 48.

58 Maths (p. 43)

La clé de l'énigme est la n° 136.

59 Maths (p. 43)

Je suis 38.

60 Le temps (p. 44)

61 Le temps (p. 44)

Énora est ma petite-fille. Je suis
sa **grand-mère**.
Je m'appelle Yannick, Énora est
ma sœur. Je suis son **frère**.
Je m'appelle Brice. Yannick et
Énora sont mes enfants. Je suis
leur **père**.
Je m'appelle Lucien. Brice est mon
fils. Je suis le **grand-père** d'Énora.

Solutions

62 *Anglais (p. 45)*

	Grandparents	Father	Mother	Sister	Brother
BRUCE	X	X		X	
HARPER		X	X		X
LEEROY	X		X	X	
MANI	X	X	X		

63 *Sciences (p. 46)*

État liquide :
eau du lac, brouillard, pluie,
eau en bouteille.
État solide : glace, iceberg, neige.

64 *Sciences (p. 46)*

La mousson (mou/ s' /on).

65 *Français (p. 47)*

Il fallait écrire Lyon, Marseille,
Barcelone, New York, et Tokyo
avec une majuscule et voyageurs,
carte d'identité et valise avec une
minuscule.

66 *Français (p. 47)*

P	A	S	S	A	G	E	R	H
I	E	U	R	O	P	E	R	O
L	A	F	R	I	Q	U	E	T
O	A	M	E	R	I	Q	U	E
T	V	A	L	I	S	E	S	S
E	L	E	T	A	S	I	E	S
B	I	L	L	E	T	U	X	E

Grand jeu de la piscine (p. 48-49)

Sautera, sautera pas ?
Oh ! J'ai une de ces peurs !

Dans le grand bain

```
          2
1 E C H E L L E
          U
  4   5   N
  B   P   E
3 M A I L L O T
  S   O   T
  S   N   E
  I   G   S
  N   E
6 B O N N E T
      I
      R
```

À chacun sa nage
La brasse ; le crawl ; le papillon.

Jamais vu !
Le 2 et le 5 ne font pas partie
de l'image.

Intrus
Les trois intrus sont : un crocodile,
le bonnet de la nageuse, le pingouin.

67 *Français (p. 50)*

**En direct de la veillée
« Feu de camp »**
Nous sommes en direct
de la veillée « Feu de camp ».

Ludo, le responsable de l'équipe
Babidous, est à la guitare et
Nadia, l'infirmière, joue de
l'accordéon. Tout le monde
chante et danse. Il y a même
des spectateurs étonnants :
une chouette et un ver luisant.

68 *Français (p. 50)*

un	des	l'	les
l'	les	des	un
les	l'	un	des
des	un	les	l'

69 *Maths (p. 51)*

Le canard en 8 va aller en 24.
le héron en 10 va aller en 30.
La grenouille en 3 va sauter
jusqu'en 9.
Le papillon en 6 va voler jusqu'à
l'emplacement 18.
La libellule en 5 va se poser
en 15.

70 *Maths (p. 51)*

27			
3		9	
1	3	3	3

Mathis n'a pas regardé le lézard
en 27.

71 *Français (p. 52)*

la partie – une fête foraine –
ma cible
un forain – le stand – mon cadeau

72 *Français (p. 52)*

la partie – une fête foraine –
ma cible
un forain – le stand – mon cadeau

Solutions

73 *Maths (p. 53)*

Les paires de grimpeurs sont : 8 et 32, 4 et 16, 9 et 36, 3 et 12.

74 *Maths (p. 53)*

Je suis le nombre 12.

75 *Français (p. 54)*

Nos animaux ont chacun leur coin préféré. Près du puits, la vache rousse aime brouter. Le taureau, lui, est enfermé dans l'enclos juste à côté parce qu'il n'a pas toujours bon caractère. Dans l'étable, les petits veaux restent encore avec leur mère.
Les canards n'aiment pas qu'un bouc s'approche de la mare. La chèvre, elle, se repose au pied du chêne en surveillant ses chevreaux.

76 *Français (p. 54)*

BOX 1 : PADOC, LE CHEVAL
BOX 2 : LES MOUTONS
BOX 3 : AGATHE, LA POULE
BOX 4 : DES COCHONS
BOX 5 : LES DINDONS

77 *Maths (p. 55)*

10	40	50	5
45	15	51	20
30	49	25	59
57	35	63	76

Il y a 49 moutons dans le troupeau.

78 *Maths (p. 55)*

Il fallait colorier de la même manière les fleurs suivantes :
4 x 5 et 2 x 10
6 x 5 et 3 x 10
2 x 9 et 3 x 6.

79 *Sciences (p. 56)*

• Objets à pile : radio, réveil, lampe de poche, télécommande, joystick, voiture télécommandée.
• Objets à secteur : frigo, grille-pain, fer à repasser, aspirateur, lampe, télévision.
• Objets avec batterie : portable, perceuse.

80 *Sciences (p. 56)*

Il fallait colorier les lampes des circuits 1, 5 et 6.

81 *Maths (p. 57)*

82 *Français (p. 58)*

```
            1
        2   O
        C   I
        H 3 S
        A E 4 E
        M C 6 5 H I B O U X
        P U R   U
        I R A   P
        G E 7 B I C H E S
        N U R
        O I R
        N S S
      8 S A N G L I E R S
            S   S
```

83 *Français (p. 58)*

Il fallait entourer en bleu : moineaux, hiboux, oiseaux, cailloux, étourneaux ; et en jaune : hêtres, taupes, mûres, cerfs et renards.

84 *Maths (p. 59)*

	Partie 1	Partie 2	TOTAL
HUGO	50	50	100
ADAM	60	30	90
ALICE	40	60	100
SACHA	50	45	95
INÈS	30	60	90

85 *Maths (p. 59)*

Le score de Camille est de : 45 points.

86 *L'espace (p. 60)*

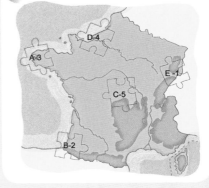

87 *L'espace (p. 60)*

Cet été, nous avons visité Paris (pas / riz).
Antoine et ses parents ont fait de la randonnée dans les Pyrénées (pis / ré / nez).

Solutions

88 Français (p. 61)

O	U	V	E	R	T	C	E
F	M	A	R	R	O	N	N
L	H	F	B	B	M	É	D
É	A	R	L	É	A	U	O
U	M	A	A	L	U	V	R
R	O	I	N	L	V	E	M
I	I	S	C	É	E	S	I
É	R	O	U	G	E	S	É

Léontine et Émile observent un chamois.

89 Français (p. 61)

Un lys orange – un chardon bleu – une gentiane jaune – des pensées violettes.

90 Maths (p. 62)

• Il reste 6 flèches dans le carquois du premier concurrent.
9 – 3 = 6

• Il reste 15 flèches dans le carquois du deuxième concurrent.
21 – 6 = 15

• Il reste 48 flèches dans le carquois du troisième concurrent.
60 – 12 = 48

• Il reste 34 flèches dans le carquois du quatrième concurrent.
43 – 9 = 34

91 Maths (p. 62)

	2	2	3	
	0		8	
		1	4	2
			0	
		7	8	4

L'équipe gagnante est la violette avec 408 points.

92 Français (p. 64)

R	E	S	I	S	T	A	N	T
S	O	L	I	D	E			
O	U	V	E	R	T	E	S	
	G	R	A	N	D			
N	E	U	F					

93 Français (p. 63)

une tente imperméable
un barbecue moderne
une table pliante
un camping-car neuf

94 Maths (p. 64)

```
   7    6   ₁3
 - 1  ₊₁3    5
 ─────────────
   6    2    8

   4    2   ₁6
 - 2  ₊₁1    9
 ─────────────
   2    0    7

   8    7   ₁1
 - 6  ₊₁2    4
 ─────────────
   2    4    7

   3    5   ₁7
 - 1  ₊₁2    8
 ─────────────
   2    2    9
```

95 Maths (p. 64)

265 – 136 = 129
Maxence a collé 129 images.

96 Français (p. 65)

Il fallait recomposer les mots suivants : *bouée, flèches, épée, Père Noël* et *tête.*

97 Français (p. 65)

C'est une étoile (é / toit / le).

98 Maths (p. 66)

Paul et Samir (4) – Bérengère et André (3) – Céleste et Louise (7) – Samy et Katia (5).

99 Maths (p. 66)

~~9~~	~~8~~	~~1~~
6	~~7~~	~~2~~

Le chiffre restant dans la grille est le 6.
Il correspond à la moitié du chiffre taché sur l'affiche. Laura a donc marqué 12 points.

100 Le temps (p. 67)

101 Le temps (p. 67)

Le casque : le heaume.
Le manteau : la broigne.
Le bouclier : l'écu.

Grand jeu des sports (p. 68-69)

Photo bizarre !

Solutions

À réparer

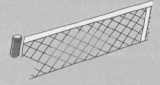

Message codé

L'arbitre dit : « Silence dans les gradins ! »

À qui est cette raquette ?

L	O	B	R	E	
S	M	A	S	H	
F	I	L	E	T	
N	Z	L	O	E	
X	U	E	J	S	
E	N	G	I	L	

La raquette appartient à Lorenzo.

---

102 *Maths* (p. 70)

4-A, 2-B, 6-C, 8-D, 7-E, 1-F, 3-G, 5-H, 9-I, 10-J

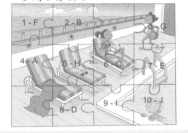

---

103 *Maths* (p. 70)

1	4	3	2
2	3	4	1
3	1	2	4
4	2	1	3

---

104 *Anglais* (p. 71)

---

105 *Maths* (p. 72)

L'image qui correspond à l'énoncé du problème est la B, avec 13 fourmis en tout : 8 dans la boîte et 5 en dehors.

---

106 *Maths* (p. 72)

La colonie qui vit dans le jardin est constituée de 568 fourmis qui éviteront désormais le piège.

---

107 *Maths* (p. 73)

La cane a 16 canetons en tout.

---

108 *Français* (p. 74)

~~des crabes rouges~~
un soleil jaune
~~des parasols multicolores~~
un seau rouge
~~des glaces dégoulinantes~~
~~des moulins triangulaires~~
un parasol ouvert
~~des chats assoupis~~
une serviette bleue
~~des bateaux verts~~
une bouée orange

---

109 *Maths* (p. 75)

La maman dépense 13 €.

---

110 *Français* (p. 76)

```
        D E N T E L L E
      V E R R E
    N O I S E T T E
C H A U S S E T T E
      P I E R R E
  A N T E N N E
```

Les enfants vont faire un dessin.

---

111 *Français* (p. 76)

Il fallait colorer de la même manière les paires suivantes : ficelle/poubelle maîtresse/adresse   serrure/terre épuisette/fourchette.

---

112 *Maths* (p. 77)

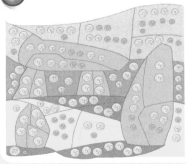

---

113 *L'espace* (p. 78)

---

114 *L'espace* (p. 78)

D'autres habitations : une hutte, une cabane, une villa.

---

115 *Anglais* (p. 79)

cold / C
rainy / A
sunny / B
hot / D

---

116 *Anglais* (p. 79)

Cold	Hot	Rainy	Sunny
Rainy	Sunny	Cold	Hot
Sunny	Cold	Hot	Rainy
Hot	Rainy	Sunny	Cold

---

117 *Français* (p. 80)

les poissons, les princesses, les instruments de musique, les oiseaux.

Solutions

118 Français (p. 80)

DESSERT POSTE
ASSIETTE CHAUSSETTE ESCARGOT

119 Le temps (p. 81)

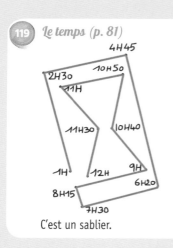

C'est un sablier.

120 Le temps (p. 81)

Il est 16 h 30 !

121 Français (p. 82)

Noms avec ç : François
Noms avec c : Céline, Lucie,
Clémence, Brice, Marcel.

122 Français (p. 82)

123 Français (p. 83)

Mots croisés :
1. GOURE
2. GLACE
3. LANGUE
4. GAUFRE
5. DÉGUSTER
6. MERINGUE

124 Français (p. 83)

Marguerite (mare / gue / riz / te).

125 Maths (p. 84)

1	5	7	0
1	2	1	5
3	6	5	5
0	5	9	0

Le ticket de caisse correspondant
au dernier chariot plein affiche la
somme de 90 €.

126 Maths (p. 84)

100	5	20	500
20	500	100	5
5	100	500	20
500	20	5	100

127 Maths (p. 85)

La vendeuse doit rendre **15 €**
à l'enfant qui achète le ballon.
La vendeuse doit rendre **8 €**
à l'enfant qui achète le sifflet.
La vendeuse doit rendre **25 €**
à l'enfant qui achète la poupée.
La vendeuse doit rendre **20 €** à
l'enfant qui achète l'hélicoptère.

128 Maths (p. 85)

Thomas a acheté le paquet à 7 €.

Grand jeu du camping (p. 86-87)

Installation

Qui va là ?

Les trois intrus sont : un extraterrestre,
une panthère en laisse, une soucoupe
volante.

Tout se passe bien ?

Le gardien se déplace dans sa
voiturette.

La voisine

Le portrait correspondant à l'ombre
de la voisine est le 3.

129 Français (p. 88)

Le magicien a fait apparaître :
une bougie, un nuage, un pigeon,
un génie.
L'objet caché sous son chapeau est
une horloge.

130 Français (p. 88)

rouge sage ~~guenon~~ cage
~~pigeon~~ agile gilet bougie
nageoire ~~visage~~ bourgeon
cageot

131 Français (p. 89)

La ménagerie du cirque Artus se
compose des GN suivants :
le vieux lion fier /
les panthères nerveuses /
des petits singes farceurs /
le perroquet bavard.

132 Français (p. 89)

Ce sont des petits singes farceurs
qui se sont échappés de la cage.

152

Solutions

133 *Sciences (p. 90)*

développée. Le *musicien* la tient horizontalement.
La flûte a connu de nombreux changements.
Aujourd'hui, elle est en métal et comporte de nombreuses *clés*.

142 *Français (p. 95)*

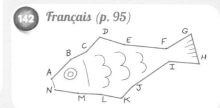

134 *Français (p. 91)*

Mathieu observe un crapaud.

138 *Français (p. 93)*

Le gardien du phare **surveille** la mer.
Les vagues **secouent** les bateaux au large.
Des voiliers **sortent** du port.
Les mouettes **tournent** autour d'un bateau.
Un dauphin **sort** la tête de l'eau.

143 *Français (p. 95)*

C'est le plus beau poisson volant de la plage !

135 *Français (p. 91)*

B A N C C
R A T A S
R A P N A
A U D O N
G A N T G

139 *Français (p. 93)*

L'hiver, l'île Kéros est/~~sont~~ un refuge pour les oiseaux.
Un chalutier ~~remontent~~/remonte son filet rempli de poissons.
Les poissons emprisonnés dans les mailles ~~se débat~~/ se débattent.

144 *Maths (p. 96)*

La famille qui part le plus loin est la famille C, allant de Chartres à Toulouse.

136 *Maths (p. 92)*

C'est une sirène !

140 *Le temps (p. 94)*

Préhistoire / 5
Antiquité / 3
Renaissance / 7 / 6
17e et 18e siècles / 2
19e siècle / 4
20e siècle / 1

145 *Français (p. 97)*

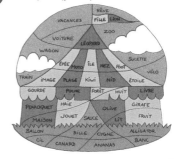

137 *Maths (p. 92)*

141 *Le temps (p. 94)*

La flûte est un des plus anciens instruments de *musique*.
À la Préhistoire, on fabriquait des flûtes en *os* percées de trous ou non.
Au Moyen Âge, on utilisait le *bois*.
À partir de cette période, la flûte traversière s'est

146 *Français (p. 98)*

facile / difficile
peu / beaucoup
sortir / rentrer
gai / triste
éteint / allumé
vrai / faux

Solutions

147 Français (p. 98)

148 Maths (p. 99)

1) Paul : 60 cm   2) Coralie :
75 cm   3) David : 90 cm 4) Eva :
1 m   5) Erwan : 1 m 30 cm

149 Maths (p. 99)

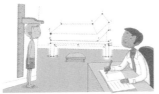

L'objet qui manque est la table
de consultation.

150 L'espace (p. 100)

151 Maths (p. 101)

L'ordre des images est C1 / A2 /
D3 / B4.

152 Maths (p. 101)

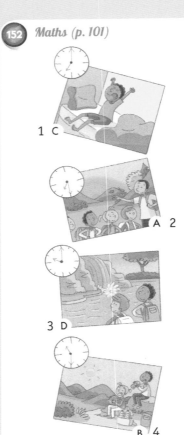

1 C

A 2

3 D

B 4

153 Anglais (p. 102)

Les animaux qui ont changé de
place sont : crocodile, zebra,
snake, bear.

154 Anglais (p. 102)

monkeys : 10
parrots : 3
lions : 2

155 Français (p. 103)

156 Français (p. 103)

• enfant – gamin – garnement –
~~pirate~~
• casser – ~~réparer~~ – démolir –
briser
• drôle – ~~effrayant~~ – joyeux –
comique

157 Maths (p. 104)

La bonne pièce de puzzle est celle
correspondant au numéro 3.
Paul part en vacances le 10 juillet.

158 Maths (p. 104)

15 août 2015 : 15/8/15
30 juin 2015 : 30/06/15
3 mai 2016 : 3/5/16
1er avril 2017 : 1/4/17

159 Le temps (p. 105)

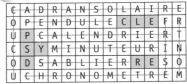

C'est une clepsydre. C'est un
instrument qui mesure le temps
par écoulement d'eau dans un
récipient gradué.

160 Le temps (p. 105)

seconde ~~litre~~ ~~centimètre~~
jour ~~kilogramme~~ heure
trimestre   année   siècle

161 Maths (p. 106)

Solutions

162 *Maths (p. 106)*

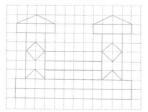 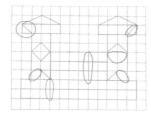

163 *Français (p. 107)*

- POISSON : poissonnier – poissonnerie
- POT : potier – poterie
- LAIT : laitière – laiterie
- FLEUR : fleuriste
- PEINTURE : peintre – peinture

164 *Français (p. 107)*

long – longueur – longtemps – allongé – ~~loin~~
jardin – ~~jaune~~ – jardinage – jardinière – jardiner
jour – journal – ~~jouer~~ – journalier – bonjour

Grand jeu de la plage (p. 108-109)

Trop beau !

Lunettes perdues
Les lunettes de soleil de Naïa sont... sur le crabe !

Beau travail !

Ouistiti !

À refaire !
La pièce manquante est la 3.

165 *L'espace (p. 110)*

166 *Maths (p. 111)*

coque : 5A
galet : 4D
algue : 1F
moule : 6F
couteau : 6A
bigorneau : 3B

167 *Maths (p. 111)*

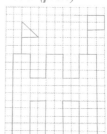

168 *Français (p. 112)*

Il fallait entourer de la même couleur les paires suivantes :
pot / peau   mur / mûre
port / porc   verre / ver / vert

169 *Français (p. 112)*

S	O	T	R	E	M
C	H	A	M	P	A
C	S	N	E	S	I
H	E	T	R	A	R
A	A	E	U	E	E
N	U	T	B	T	H
T	T	E	N	T	E

170 *Maths (p. 113)*

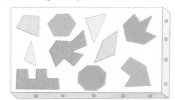

Solutions

171 *Maths (p. 113)*

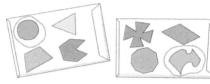

172 *Français (p. 114)*

Il fallait relier :
feu tricolore et feu de camp /
coque et coque de bateau /
cornet de glace et glace /
carte à jouer, carte de
crédit et carte de France /
feuille d'arbre et feuille.

173 *Français (p. 114)*

Je suis la souris !

174 *Maths (p. 115)*

La bonne ombre est la 2.

175 *Maths (p. 115)*

Il fallait ranger les serviettes et
les nappes dans l'ordre suivant :
3 1 2 4.

176 *Le temps (p. 116)*

La fête du travail : 1ᵉʳ mai
Le lundi de Pentecôte : 20 mai
(variable selon les années)

La fin de la guerre en 1945 : 8 mai
La fête des mères : 25 mai
(variable selon les années)
L'Ascension : 29 mai (variable
selon les années)
La Pentecôte : 19 mai (variable
selon les années)

177 *Le temps (p. 116)*

Je suis le Nouvel An.

178 *Français (p. 117)*

Avant le moment présent : 5/2.
Après le moment présent : 4/1/3.

179 *Français (p. 117)*

hier	autrefois
aujourd'hui	maintenant
demain	bientôt

180 *Maths (p. 118)*

181 *Maths (p. 118)*

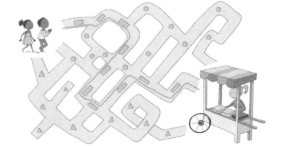

182 *Français (p. 119)*

6) nager
1) lancer
3) construire
5) lire
2) bronzer
4) écouter

183 *Français (p. 119)*

aller	viens
faire	mange
grandir	sors
~~regarde~~	partez
répéter	~~venir~~

184 *Français (p. 120)*

A/1, B/5, C/3, D/2, E/6, F/4.

185 *Français (p. 120)*

1- A Est-ce que tu sais faire du feu ?
2- E Oui, je sais en faire.
3- F Nous allons chercher du bois.
4- C Vous n'oubliez pas de prendre
des brindilles bien sèches.
5- B Où est Claire ?
6- D Elle est dans la tente.

186 *Sciences (p. 121)*

beurre / vache
lait / vache
huile / olive
viande / vache, poule
pain / blé
frites / pommes de terre
ketchup / tomates
saladier avec salade verte
assaisonnée / salade, olive

187 *Sciences (p. 121)*

groupe 1 : poisson, œuf
groupe 2 : yaourt
groupe 3 : beurre, huile
groupe 4 : pain, riz
groupe 5 : tomates, champignons,
poire
groupe 6 : eau

Solutions

188 Anglais *(p. 122)*

Breakfast / 3   Teatime / 4
Lunch / 2   Dinner / 1

189 Anglais *(p. 122)*

knife / couteau
glass / verre
spoon / cuillère
plate / assiette
fork / fourchette

190 Français *(p. 123)*

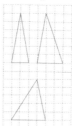

194 Sciences *(p. 126)*

195 Le temps *(p. 127)*

191 Maths *(p. 124)*

Il y a 12 triangles.

192 Maths *(p. 124)*

193 Français *(p. 125)*

Je suis sous le chapiteau.
Tu es à la caisse.
Il est impatient de voir les clowns.
Elles sont assises sur les gradins.
Nous sommes devant la piste.
Vous êtes très contents.

196 Le temps *(p. 127)*

Il fallait deviner : mammouth, smilodon, bison et mégacéros.

197 Maths *(p. 128)*

Armand, Ibrahim et Alix ont réussi à tracer des angles droits.

198 Maths *(p. 128)*

Les ombres de la paire de ciseaux qui forment un angle droit sont la **1** et la **3**.

199 Français *(p. 129)*

Ils ont peur de monter dans la grande roue.
Nous avons envie d'une barbe à papa.
Tu as le ticket gagnant le gros lot.
J'ai 10 points sur la cible.
Elle a un tour de manège gratuit.
Vous avez un canard jaune au bout de votre canne à pêche.

200 Français *(p. 130)*

201 Maths *(p. 131)*

Solutions

202 *Maths (p. 131)*

204 *Français (p. 132)*

Il va faire trop chaud aujourd'hui pour aller au poney club. Tu **viens** avec moi à la piscine ? Si tu es d'accord, je **viens** te chercher à bicyclette à 3 heures.

205 *Sciences (p. 133)*

1-crinière / 2-queue / 3-croupe / 4-flanc / 5-sabot.

208 *Le temps (p. 135)*

S	D	D	O	N	J	O	N	E
P	O	N	T	L	E	V	I	S
X	U	A	E	N	E	R	C	T
R	V	F	O	S	S	E	S	O
F	E	G	A	L	L	I	V	U
S	S	E	I	G	N	E	U	R
M	U	R	A	I	L	L	E	S

Ce sont les serfs.

203 *Français (p. 132)*

Il fallait colorier de la même façon les paires suivantes : 1C / 2D / 3B / 4A.

206 *Sciences (p. 133)*

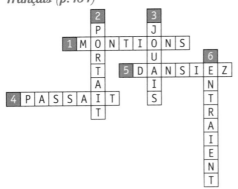

209 *Maths (p. 136)*

210 *Maths (p. 136)*

207 *Français (p. 134)*

211 *Français (p. 137)*

1) **Vous aviez** des chaussons adaptés.
2) **Ils avaient** un bon équipement.
3) **Tu avais** le vertige.
4) **Nous avions** envie d'arriver en haut.
5) Elle avait un beau baudrier.

212 *Français (p. 137)*

Je suis : avais.

Solutions

213 *Sciences* (p. 138)

214 *Maths* (p. 139)

Les intrus sont les miroirs 2 et 4.

215 *Maths* (p. 139)

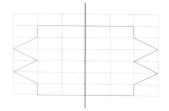

216 *Français* (p. 140)

E	E	D	E	S	E
E	T	A	I	S	T
T	A	A	C	H	I
A	I	A	I	L	E
I	E	U	T	T	Z
S	N	I	E	R	S
E	T	I	O	N	S

Ce sont des chalutiers.

217 *L'espace* (p. 141)

1- une île
2- la falaise
3- la dune
4- la baie
5- la plage
6- le port

218 *L'espace* (p. 141)

Grand jeu de l'aquarium
(p. 142-143)

Unique

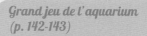

Un ange des mers passe…

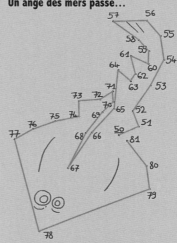

C'est une raie.

Puzzle
Les deux pièces qui ne font pas partie de l'illustration sont la 1 et la 5.

Petit farceur
Requin, raie, thon.

Table des matières

Français

Maths

Le temps

L'espace

Sciences

Anglais

Grands jeux

Achevé d'imprimer par Loire Offset Titoulet à Saint-Étienne – France
Dépôt légal 98981 0 / 01 – Mars 2015